CONSEIL D'ÉTAT.

Épreuve.

DISCUSSION
DU PROJET
DE CODE CIVIL.

N.° 23.

SÉANCE du 12 Ventôse, an 11 de la République.

LE SECOND CONSUL préside la séance.

Le C. TREILHARD dépose sur le bureau l'exposé des motifs du projet de loi formant le titre I.er du projet de Code civil, relatif *à la Jouissance et à la Privation des Droits civils*, présenté au Corps législatif le 6 de ce mois.

Cet exposé est ainsi conçu :

« CITOYENS LÉGISLATEURS,

» L'éclat de la victoire, la prépondérance d'un Gouvernement également fort et sage, donnent sans doute un grand prix à la qualité de *citoyen français ;* mais cet avantage serait plus brillant que solide, il laisserait encore d'immenses vœux à remplir, si la législation intérieure ne garantissait pas à chaque individu une existence douce et paisible, et si, après avoir tout fait pour la gloire de la nation, on ne s'occupait pas, avec le même succès, du bonheur des personnes.

» La sûreté, la propriété ; voilà les grandes bases de la félicité d'un peuple : c'est par la loi seule que leur stabilité peut être garantie, et l'on reconnaîtra sans peine que la conservation des droits civils influe sur le bonheur individuel, bien plus encore que le maintien des droits politiques, parce que ceux-ci ne peuvent s'exercer qu'à des distances plus ou moins éloignées, et que la loi civile se fait sentir tous les jours et à tous les instans.

» La loi sur la jouissance et la privation des droits civils offre donc un grand intérêt et mérite toute l'attention du législateur.

» Le projet que vous avez entendu contient deux chapitres : le premier a pour titre, *de la Jouissance des droits civils;* le deuxième, *de la Privation des droits civils.* Celui-ci se divise en deux sections, parce que l'on peut être privé des droits civils, ou par la perte de la qualité de Français, ou par une suite de condamnations judiciaires.

» A quelles personnes sera donc accordée la jouissance des droits civils ! On sent assez que tout Français a droit à cette jouissance; mais si le tableau de notre situation peut inspirer aux étrangers un vif desir d'en partager les douceurs, la loi civile ne doit certainement pas élever entre eux et nous des barrières qu'ils ne puissent pas franchir.

» Cependant cette communication facile, établie pour nous enrichir de la population et de l'industrie des autres nations, pourrait aussi quelquefois nous apporter leur écume : tout n'est pas toujours bénéfice dans un pareil commerce ; et l'on ne trouva quelquefois que des germes de corruption et d'anarchie, où l'on avait droit d'espérer des principes de vie et de prospérité.

» Cette réflexion si naturelle vous explique déjà une grande partie des dispositions du projet.

» Tout Français jouit des droits civils ; mais l'individu né en France d'un étranger, celui né en pays étranger d'un Français, l'étrangère qui épouse un Français, seront-ils aussi réputés Français ! Voilà les premières questions qui se sont présentées ; le projet les décide d'après les notions universellement reçues.

» La femme suit par-tout la condition de son mari ; elle devient donc Française quand elle épouse un Français.

» Le fils a l'état de son père : il est donc Français quand son père est Français ; peu importe le lieu où il est né, si son père n'a pas perdu sa qualité.

» Quant au fils de l'étranger qui reçoit accidentellement le jour en France, on ne peut pas dire qu'il ne naît pas étranger : mais ses premiers regards ont vu le sol français ; c'est sur cette terre hospitalière qu'il a souri pour la première fois aux caresses maternelles, qu'il a senti ses premières émotions, que se sont développés ses premiers

sentimens. Les impressions de l'enfance ne s'effacent jamais; tout lui retracera, dans le cours de la vie, ses premiers jeux, ses premiers plaisirs : pourquoi lui refuserait-on le droit de réclamer à sa majorité la qualité de Français, que tant et de si doux souvenirs pourront lui rendre chère ! C'est un enfant adoptif qu'il ne faut pas repousser quand il promettra de se fixer en France, et qu'il y établira de fait son domicile : c'est la disposition de l'art. IX du projet.

» Si nous recevons l'étranger en France, rejetterons-nous de notre sein celui qui sera né en pays étranger, mais d'un père qui aurait perdu la qualité de Français ! Le traiterons-nous avec plus de rigueur que l'étranger né sur notre sol ! Non, sans doute : c'est toujours du sang français qui coule dans ses veines ; l'inconstance ou l'inconduite du père n'en a pas tari la source; le souvenir de toute une famille n'est pas effacé par quelques instans d'erreur d'un père; le fils doit être admis à les réparer, et peut-être encore les remords du père ont-ils mieux fait sentir au fils le prix de la qualité perdue : elle lui sera d'autant plus chère, qu'il saura d'avance de combien de regrets la perte en est accompagnée.

» J'arrive à la question la plus importante, et dont la solution pourrait présenter plus de difficultés. L'étranger jouira-t-il en France des droits civils ! Ici la question se divise ; l'étranger peut établir son domicile en France, ou il peut continuer de résider dans son pays.

» Supposons d'abord que l'étranger fixe son domicile en France.

» Ne perdons pas de vue qu'il ne s'agit pas ici du titre de *citoyen français :* la loi constitutionnelle règle les conditions auxquelles l'étranger peut devenir *citoyen ;* il faut, pour acquérir ce titre, que l'étranger, âgé de vingt-un ans accomplis, déclare l'intention de se fixer en France, et qu'il y réside pendant dix années consécutives. Quand il aura rempli ces conditions, il sera citoyen français.

» Cependant, quand il aura déclaré son intention de se fixer en France, et du moment qu'il y aura transporté son domicile, quel sera son sort dans sa patrie ! Dans sa patrie ! il n'en a plus depuis la déclaration qu'il a faite de vouloir se fixer en France; la patrie ancienne est abdiquée, la nouvelle n'est pas encore acquise; il ne peut exercer de droits politiques ni dans l'une ni dans l'autre: peut-être même a-t-il déjà perdu l'exercice des droits civils dans sa terre natale, uniquement parce qu'il aura transporté son domicile sur le sol français. S'il faut, pour participer à ces droits dans la nouvelle patrie, attendre encore un long espace de temps, comment pourra-t-on supposer qu'un étranger s'exposera à cette espèce de mort civile pour acquérir un titre qui ne lui sera conféré qu'au bout de dix années !

» Ces considérations motivent assez l'article du projet qui accorde l'exercice des droits civils à l'étranger admis par le Gouvernement, à établir son domicile parmi nous.

» La loi politique a sagement prescrit une résidence de dix années pour l'acquisition des droits politiques ; la loi civile attache avec la même sagesse le simple exercice des droits civils à l'établissement en France.

» Mais le caractère personnel de l'étranger qui se présente, sa moralité plus ou moins grande, le moment où il veut se placer dans nos rangs, la position respective des deux peuples, et une foule d'autres circonstances, peuvent rendre son admission plus ou moins desirable ; et, pour s'assurer qu'une faveur ne tournera pas contre le peuple qui l'accorde, la loi n'a dû faire participer aux droits civils que l'étranger admis par le Gouvernement.

» L'étranger qui ne quitte pas le sol natal jouira-t-il aussi en France de la totalité ou d'une partie des droits civils ? l'admettra-t-on sans restriction, sans conditions ? ou plutôt ne doit-on pas, adoptant la règle d'une juste réciprocité, restreindre les droits de l'étranger à ceux dont un Français peut jouir dans le pays de cet étranger ?

» Cette question a été si souvent et si profondément agitée, qu'il est difficile de porter de nouveaux aperçus dans sa discussion ; et quelque parti qu'on embrasse, on pourra toujours s'autoriser sur de grandes autorités, ou sur de grands exemples.

» Ceux qui veulent accorder aux étrangers une participation totale et absolue à nos droits civils, recherchent l'origine du droit d'aubaine dans celle de la féodalité, et regardent la suppression entière de ce droit comme une conséquence nécessaire de l'abolition du régime féodal. L'intérêt national, suivant eux, en sollicite la suppression aussi puissamment que la barbarie de sa source. L'ancien Gouvernement avait lui-même reconnu la nécessité de le proscrire dans une foule de traités qui en avaient au moins modifié la rigueur ; il avait senti que ce droit ne devait plus subsister depuis que le commerce avait rattaché tous les peuples par les liens d'un intérêt commun. Telle a été, disent-ils, l'opinion des plus grands publicistes : *Montesquieu* avait dénoncé le droit d'aubaine à toutes les nations, comme un droit *insensé ;* et l'Assemblée constituante, ce foyer de toutes les lumières, ce centre de tous les talens, en avait prononcé l'abolition intégrale et absolue, sans condition de réciprocité, comme un moyen d'appeler un jour tous les peuples au bienfait d'une fraternité universelle.

» Le projet de détruire les barrières qui séparent tous les peuples, de confondre tous leurs intérêts, et de ne plus former, s'il est permis de le dire, qu'une seule nation sur la terre, est sans doute une conception également hardie et généreuse : mais ceux qui en ont été capables, ont-ils vu les hommes tels qu'ils sont ou tels qu'ils les desirent ?

» Consultons l'histoire de tous les temps, de tous les peuples, et jetons sur-tout nos regards autour de nous. Si l'on fit tant d'efforts pénibles et trop souvent inutiles pour maintenir l'harmonie dans une seule nation, dans une seule famille, pouvons-nous raisonnablement espérer la réalisation d'une harmonie universelle, et le mode moral doit-il être, plus que le mode physique, à l'abri des ouragans et des tempêtes ?

» Au lieu de se livrer aux illusions trop souvent trompeuses des théories, ne vaut-il pas mieux faire des lois qui s'appliquent aux caractères et aux esprits que nous connaissons ? L'admission indéfinie des étrangers peut avoir quelques avantages ; mais nous ne savons que trop qu'on ne s'enrichit pas toujours des pertes ou des désertions de ses voisins, et qu'un ennemi peut faire quelquefois des présens bien funestes. On sera du moins forcé de convenir que le principe de la réciprocité, d'après les traités, a cet avantage bien réel, que les traités étant suspendus par le fait seul de la déclaration de guerre, chaque peuple redevient le maître, dans ces momens critiques, de prendre l'intérêt du moment pour unique règle de sa conduite.

» Eh ! pourquoi donnerions-nous à nos voisins des priviléges qu'ils s'obstineraient à nous refuser ! Il sera toujours utile, nous dit-on, d'attirer sur notre sol des étrangers riches de leurs possessions, de leurs talens, de leur industrie ; j'en conviens : mais viendront-ils sur notre sol, ces opulens et précieux étrangers, si, par leur établissement en France, ils deviennent eux-mêmes tout-à-coup étrangers à leur sol natal ; s'ils ne peuvent aspirer au titre de Français, sans sacrifier tous leurs droits acquis ou éventuels dans leur patrie, parce qu'elle nous refuse les avantages de la réciprocité, et qu'elle persiste à ne voir dans les Français que des étrangers! Encore une fois, méfions-nous des théories, quelque brillantes qu'elles paraissent, et consultons plutôt l'expérience.

» Lorsque l'ancien Gouvernement français annonça l'intention de supprimer, d'adoucir du moins les droits d'aubaine envers les peuples qui partageraient ses principes, plusieurs Gouvernemens s'empressèrent de traiter avec la France, et de s'assurer, par un juste retour, le bienfait de la suppression ou de la modification du droit d'aubaine : on donna pour acquérir; car l'intérêt est la mesure des traités entre Gouvernemens, comme il est la mesure des transactions entre particuliers.

» Mais depuis l'abolition absolue du droit d'aubaine de la part de la France, de tous les peuples qui n'avaient pas auparavant traité avec elle, il n'en est pas un seul qui ait changé sa législation. Ils n'avaient plus besoin de faire participer chez eux les Français à la jouissance des droits civils pour obtenir la même participation en France; aussi ont-ils maintenu à cet égard, contre les Français, toute la sévérité de leur législation : en sorte qu'il est actuellement prouvé que si l'intérêt général des peuples sollicite en effet l'abolition entière du droit d'aubaine, il faut, pour ce même intérêt, établir une loi de réciprocité, parce que seule elle peut amener le grand résultat que l'on desire.

» Est-il nécessaire actuellement de répondre aux autorités! *Montesquieu* a qualifié le droit d'aubaine de droit *insensé;* mais *Montesquieu*, dans la phrase qu'on cite, plaça sur la même ligne les droits de naufrage et ceux d'aubaine, qu'il appelle tous les deux des droits *insensés.* Il y a cependant loin du droit barbare de naufrage, qui, punissant le malheur comme un crime, confisquait les hommes et les choses jetés sur le rivage par la tempête, au droit d'aubaine, fondé sur le principe (erroné si l'on veut, mais du moins nullement atroce) d'une jouissance exclusive des droits civils en faveur des nationaux.

» *Montesquieu*, d'ailleurs, a-t-il prétendu qu'une nation seule devait se hâter de proclamer chez elle la suppression absolue du droit d'aubaine, quand ce droit était établi et maintenu chez tous les autres peuples! Il savait trop bien que certaines institutions qui, en elles-mêmes, ne sont pas bonnes, mais qui réfléchissent sur d'autres nations, ne pourraient être abolies chez un seul peuple, sans compromettre sa prospérité, tant qu'il existerait chez les étrangers une espèce de conspiration pour les maintenir.

» Le régime des douanes a aussi été jugé sévèrement par des hommes graves qui desiraient la chute de toutes les barrières : en conclura-t-on qu'un peuple seul ferait un grand acte de sagesse en supprimant tout-à-coup et absolument le régime des douanes ! et n'est-il pas au contraire plus convenable d'engager les autres nations à nous faciliter l'usage des productions de leur sol qui peuvent nous être utiles, par la libre communication que nous pouvons leur donner des productions françaises dont ils auront besoin !

» Tout le monde convient qu'un état militaire excessif est un grand fardeau pour les peuples; mais lorsque cet état militaire, quelque grand qu'il puisse être, n'est que proportionné à l'état militaire des nations rivales, donnerait-il une grande opinion de sa prudence, le Gouvernement qui, sans consulter les dispositions de celles-ci, réduirait cet état sur le pied où il devrait être s'il n'avait ni voisins ni rivaux !

» Une institution peut n'être pas bonne; et cependant sa suppression absolue peut être dangereuse; et c'est ici le cas de rappeler cette maxime triviale, que *le mieux est souvent un grand ennemi du bien.*

» L'Assemblée constituante prononça l'abolition du droit d'aubaine ! Je sens tout le poids de cette autorité : mais qui osera dire que l'Assemblée constituante, que de si grands souvenirs recommanderont à la postérité, ne fut pas quelquefois jetée au-delà d'une juste mesure par des idées philantropiques que l'expérience ne pouvait pas encore régler ! Et sans sortir de l'objet qui nous occupe, l'appel que l'Assemblée constituante fit aux autres nations, a-t-il été entendu d'elles ! en est-il une seule qui ait répondu ! n'ont-elles pas, au contraire, conservé toutes leurs règles sur le droit d'aubaine ! Concluons de là que si l'Assemblée constituante a voulu préparer l'abolition totale du droit d'aubaine, le plus sûr moyen de réaliser cette conception libérale, c'est d'admettre la règle de la réciprocité, qui peut amener un jour les autres peuples, par la considération de leurs intérêts, à consentir aussi l'abolition de ce droit.

» Ces motifs puissans ont déterminé la disposition du

sévère ; c'est celle des Français qui ont pris du service militaire chez l'étranger, sans l'autorisation du Gouvernement. Cette circonstance a un caractère de gravité qui la distingue : ce n'est plus un simple acte de légèreté, une démarche sans conséquence ; c'est un acte de dévouement particulier à la défense d'une nation, aujourd'hui notre alliée, si l'on veut, mais qui demain peut être notre rivale, et même notre ennemie. Le Français a dû prévoir qu'il pouvait s'exposer, par son acceptation, à porter les armes contre sa patrie. En vain dirait-il que, dans le cas d'une rupture entre les deux nations, il n'aurait pas balancé à rompre ses nouveaux engagemens : quel garant pourrait-il donner de son assertion ? La puissance qui l'a pris à sa solde a-t-elle entendu cette restriction ? l'aurait-elle laissé maître du choix ? On a pensé que, dans cette circonstance, une épreuve plus rigoureuse était indispensable ; que l'individu qui se trouve dans cette position ne pouvait rentrer, comme de raison, sans l'autorisation du Gouvernement ; mais qu'il ne devait encore recouvrer la qualité de Français qu'en remplissant les conditions imposées à l'étranger pour devenir citoyen.

» Je passe actuellement à la seconde section, à la privation des droits civils par suite de condamnations judiciaires.

» Le projet qui vous est présenté n'a pas pour objet de déterminer celles des peines dont l'effet sera de priver le condamné, de toute participation aux droits civils ; c'est dans un autre moment, dans un autre code, que ces peines seront indiquées : il suffit, quant à présent, de savoir qu'il doit exister des peines (ne fût-ce que la condamnation à mort naturelle) qui emporteront de droit et pour jamais le retranchement de la société et ce qu'on appelle *mort civile.*

» Qu'est-ce que la mort civile ? me dira-t-on : pourquoi souiller notre code, de cette expression proscrite et barbare ?

» Citoyens législateurs, celui qui est condamné légalement pour avoir dissous, autant qu'il était en lui, le corps social, ne peut plus en réclamer les droits ; la société ne le connaît plus, elle n'existe plus pour lui ; il est mort à la société : voilà la mort civile. Pourquoi proscrire une expression usitée, qui rend parfaitement ce qu'on veut exprimer, dont tout le monde connaît la valeur et le sens, et que ceux même qui l'improuvent n'ont encore pu remplacer par aucune expression équivalente ?

» Ce n'est pas du mot qu'il s'agit, c'est de la chose. Quelqu'un peut-il prétendre que l'individu légalement retranché de la société peut encore être avoué par elle comme un de ses membres! peut-on dire que la faculté et la nécessité de ce retranchement n'ont pas été reconnues par tous les peuples, dans des cas rares, il est vrai, mais qui cependant ne se représentent encore que trop souvent!

» Le principe une fois admis, les conséquences ne sont plus douteuses. La loi civile ne reconnaît plus le condamné ; donc il perd tous les droits qu'il tenait de la loi civile : il n'existe plus aux yeux de la loi ; donc il ne peut participer encore à ses bienfaits. Il est mort enfin pour la société : il n'a plus de famille, il ne succède plus, sa succession est ouverte, ses héritiers occupent à l'instant sa place ; et si sa vie physique vient à se prolonger, et qu'au jour de son trépas il laisse quelques biens, il meurt sans héritiers, comme le célibataire qui n'a pas de parens.

» Vous sentez, citoyens législateurs, que l'une des conséquences de la mort civile doit être la dissolution du mariage du condamné, *quant aux effets civils :* car la loi ne peut le reconnaître en même temps comme existant et comme n'existant pas; elle ne peut lui enlever une partie de ses droits civils comme mort, et lui en conserver cependant une partie comme vivant. Il pourra bien se prévaloir du droit naturel, tant qu'il existera physiquement; mais il ne pourra réclamer l'exercice d'aucun droit civil, puisqu'il est mort en effet civilement. Toute autre théorie ne produirait que contradictions et inconséquences.

» Je n'ai pas besoin sans doute d'observer que l'on n'a dû considérer le mariage que comme un acte civil, et dans ses rapports civils, abstraction faite de toute idée religieuse et de toute espèce de culte, dont le code civil ne doit pas s'occuper.

» A quelle époque commencera la mort civile ! C'est un point sur lequel on ne peut s'expliquer avec trop de précision, parce que c'est l'instant de la mort qui donne ouverture aux droits des héritiers, et qui détermine ceux à qui la succession doit appartenir.

» Quand le jugement de condamnation est contradictoire, la mort civile commence au jour de l'exécution réelle ou par effigie.

» Cette règle peut-elle s'appliquer aux jugemens de contumace ! Le condamné n'a pas été présent, et ne s'est par conséquent pas défendu ; la loi lui donne cinq ans pour se représenter : s'il meurt, ou s'il paraît dans cet intervalle, le jugement est anéanti ; il meurt alors dans l'intégrité de son état ; ou s'il vit, et s'il est présent, l'instruction recommencera comme s'il n'avait pas été jugé.

» Dans l'ancienne jurisprudence, on s'attachait servilement au principe qui fait commencer la mort civile du jour de l'exécution. Par une conséquence rigoureuse de cette maxime, si le condamné décédait après les cinq ans, et sans s'être représenté, il était réputé mort civilement au moment de cette exécution. Mais que d'embarras, de contradictions et d'inconséquences découlent de ce principe !

» L'époux condamné pouvait avoir des enfans dans l'intervalle des cinq années : il aurait donc fallu, pour être conséquent, déclarer ces enfans légitimes, si leur père mourait ou se représentait dans cet intervalle, et les déclarer illégitimes, si leur père mourait après les cinq ans sans s'être représenté. Ainsi leur état eût dû dépendre d'un fait évidemment étranger à leur naissance.

» Des successions pouvaient s'ouvrir au profit du condamné dans l'intervalle des cinq années : à qui appartenaient-elles ? Le condamné devait être héritier, s'il mourait ou s'il se représentait dans les cinq ans ; il ne devait pas être héritier, s'il mourait après les cinq ans sans s'être représenté. Ainsi, son droit, le droit des appelés après lui, eût dû dépendre d'un fait absolument étranger aux règles des successions : le titre d'héritier restait incertain ; et comme l'héritier, à l'instant du décès, pouvait ne pas se trouver l'héritier à l'expiration des cinq années, c'est par la volonté du condamné, qui pouvait se représenter ou ne pas se représenter, que se trouvait déféré le titre d'héritier dans la succession d'une tierce personne.

» La femme du condamné pouvait se remarier ; il eût fallu la déclarer adultère, si le condamné mourait ou se représentait dans les cinq ans ; elle eût dû être épouse légitime, s'il plaisait au condamné de ne pas se représenter.

» Voilà une partie des embarras que présente l'attachement trop scrupuleux à la règle qui fait commencer, même pour le contumax, la mort civile au moment de l'exécution.

» Ces considérations, et une foule d'autres qu'on supprime, nous ont fait adopter une règle différente, et qui ne traîne après elle aucune difficulté.

» Puisque le condamné par contumace a cinq ans pour se représenter, que sa mort ou sa comparution dans l'intervalle a l'effet de détruire son jugement, il est sans contredit plus convenable de ne fixer qu'à l'expiration des cinq années l'instant où la mort civile commencera : alors seulement la condamnation aura tout son effet ; ainsi s'évanouiront tous les embarras du système contraire. Le condamné a vécu civilement jusqu'à ce moment; il a pu succéder, il a été époux et père : mais à cet instant fatal commence sa mort civile.

» En vain dirait-on qu'il y a de la contradiction à exécuter le jugement de condamnation par effigie, et à reculer cependant jusqu'au terme de cinq années le commencement de la mort civile.

» Cette contradiction, si elle était réelle, serait bien moins choquante que celle qui résulte, dans l'autre système, d'une mort provisoire suivie d'une résurrection réelle, qui, présentant successivement la même personne comme morte et comme vivante, peuvent laisser dans une incertitude funeste, et même porter de violentes atteintes aux droits de plusieurs familles.

» Mais la règle adoptée par le projet ne se trouve en contradiction avec aucune autre. Un jugement peut ne pas recevoir dans le même moment toute son exécution ; un tribunal suspend quelquefois cette exécution en tout ou en partie par des motifs très-légitimes : la loi peut, à plus forte raison, en maintenant pour l'exemple l'exécution par effigie au moment de la condamnation, reculer cependant l'époque de la mort civile à l'expiration des cinq ans donnés au contumace pour se représenter. Le condamné n'est encore qu'un absent ; ce terme arrivé, sa condamnation devient définitive, et produit tout son effet.

» Le contumax peut néanmoins se représenter, même après le terme de cinq années. Quelques fortes présomptions que puisse élever contre lui sa longue absence, quoiqu'on ait droit de soupçonner qu'une comparution si tardive n'est due qu'à l'éloignement des témoins à charge, au dépérissement de preuves que le temps amène toujours après lui, à cet affaiblissement des premières impressions, qui, disposant les esprits à l'indulgence et à la pitié, peut faire entrevoir au coupable son impunité, l'humanité ne permet cependant pas qu'on refuse d'entendre celui qui ne s'est pas défendu. Il sera jugé, il pourra être absous : il sera absous; mais il ne rentrera dans ses droits que pour l'avenir seulement, et à compter du jour où il aura paru en justice.

» Il pourra commencer une nouvelle vie, mais sans troubler l'état des familles ni contester les droits acquis pendant la durée de sa mort civile. Ainsi se trouveront conciliés les intérêts du contumax, et les intérêts non moins précieux de toute la société.

» Voilà, citoyens législateurs, voilà les principaux motifs du projet de loi sur la jouissance et la privation des droits civils. Le Gouvernement pense que la discussion doit s'ouvrir le 17 de ce mois. »

Le C. THIBAUDEAU dépose sur le bureau l'exposé des motifs du projet de loi formant le titre II du projet de Code civil, et relatif aux *Actes de l'état civil*, présenté au Corps législatif le 9 de ce mois.

Cet exposé est ainsi conçu :

« CITOYENS LÉGISLATEURS,

» Le projet de loi que nous sommes chargés de vous présenter renferme beaucoup de dispositions qui peuvent d'abord paraître minutieuses ; cependant elles sont d'une grande importance, puisqu'elles ont pour objet de fixer l'état des individus : il s'agit ici de la base fondamentale de la société, et de la constitution des familles. Nous n'analyserons point toutes ces dispositions ; il y en a beaucoup qu'il suffira de lire pour que leur utilité soit facilement sentie.

» Ce projet de loi contient six parties distinctes ; cette division était indiquée par la nature des choses.

» Trois grandes époques constituent l'état des hommes, et sont la source de tous les droits civils : la naissance, le mariage et le décès.

» Lorsqu'un individu reçoit le jour, il y a deux choses qu'il importe de constater, le fait de la naissance et la filiation.

» Le mariage a pour but de perpétuer régulièrement l'espèce, et de distinguer les familles ; il faut donc des règles qui impriment à ce contrat un caractère uniforme et légal.

» La mort rompt les liens qui attachaient l'homme à la société : en cessant de vivre, il transmet des droits. Les naissances, les mariages et les décès sont donc soumis à des règles qui leur sont particulières.

» Il y a néanmoins des règles également applicables

à tous ces actes, et des principes généraux qui doivent les régir : on les a compris dans un titre préliminaire de dispositions générales; un titre règle ce qui concerne les actes de l'état civil des militaires hors du territoire de la République. Enfin, malgré la prévoyance du législateur, il peut se glisser des erreurs dans la rédaction des actes; les parties intéressées ont intérêt d'en demander la rectification ; il a fallu déterminer la forme des actions, la compétence des tribunaux, et les effets des jugemens. Voilà le système et l'ensemble de la loi.

» Avant d'examiner chacun des titres, nous devons prévenir une réflexion qui se présente naturellement. On pourrait croire que la loi est incomplète, en ce qu'elle ne parle point du divorce et de l'adoption ; mais il aurait été prématuré de déterminer les formes des actes relatifs à ces institutions, avant de les avoir soumises au législateur : nous ne traitons ici que des formes; le fond doit faire l'objet d'autres lois. Les naissances et les décès sont des faits physiques; le mariage est une institution nécessaire et consacrée : il ne peut y avoir, à cet égard, de dissentiment, ni aucune espèce de discussion. Il n'en est pas ainsi de l'adoption et du divorce. On a donc cru plus régulier et plus convenable de renvoyer à chacune de ces matières les formes dans lesquelles les actes qui les concernent seront rédigés.

» L'Assemblée constituante avait décidé qu'il serait établi, pour tous les Français sans distinction, un mode de constater les naissances, mariages et décès; elle voulait rendre la validité des actes civils indépendante des dogmes religieux. L'Assemblée législative organisa ce principe par la loi du 20 septembre 1792, qui est encore exécutée : mais cette loi ne statua pas seulement sur les formes des actes; elle régla les conditions du mariage. Tout ce que cette loi contenait d'essentiel sur la forme des actes a été conservé dans le projet de loi; on y a seulement fait des additions ou des modifications, qui sont le résultat de l'expérience de plusieurs années : telles sont les dispositions qui rappellent expressément aux officiers de l'état civil, qu'ils n'ont aucune juridiction, et qu'instrumens passifs des actes, ils ne doivent y insérer que ce qui est déclaré par les comparans ; celle qui veut que les témoins soient du sexe masculin, et âgés de vingt-un ans ; en effet, il serait inconséquent de ne pas adopter, pour les actes de l'état civil, les mêmes formes que pour les contrats ordinaires : celle qui permet à toute personne de se faire délivrer des expéditions des actes de l'état civil. Les lois qui semblaient avoir limité cette faculté aux parties intéressées, étaient injustes : l'état civil des hommes doit être public, et il y avait de l'inconvénient à laisser les officiers civils juges des motifs sur lesquels pouvait être fondée la demande d'une expédition.

» Quant aux registres, la déclaration de 1736 n'en avait établi que deux, c'est-à-dire, un seul pour tous les actes, mais tenu double : la loi de 1792 en établit six, c'est-à-dire, trois tenus doubles; un pour les naissances, un pour les mariages, et l'autre pour les décès. On avait cru que cette multiplicité de registres faciliterait la distinction de chaque espèce d'actes; mais l'expérience a prouvé que l'on s'était trompé. C'est à cette multiplicité de registres qu'il faut, au contraire, attribuer l'état déplorable où ils sont dans un trop grand nombre de communes. Comment, en effet, espérer que des administrateurs municipaux, souvent peu instruits, et chargés gratuitement de la rédaction des actes, ne commissent pas un grand nombre d'erreurs et de confusions ! Lorsque le registre des actes de décès était rempli avant la fin de l'année, l'officier de l'état civil inscrivait ces actes sur le registre des naissances où il restait des feuillets blancs; et ce qui n'était qu'une transposition, a souvent paru une lacune ou une omission. On a donc pensé qu'il était plus convenable de n'avoir qu'un seul registre tenu double, pour l'inscription des actes de toute espèce à la suite les uns des autres, et que ce procédé était beaucoup plus simple, exigeait moins d'attention, et exposait à moins d'erreurs. Cette forme ne rend pas plus difficiles les relevés que le Gouvernement est dans le cas d'ordonner pour les travaux relatifs à la population. Cependant la règle de l'unité des registres n'est pas posée d'une manière si absolue, que le Gouvernement ne puisse y faire exception pour les villes où les officiers de l'état civil ont plus de lumières, et où la rédaction des actes est plus multipliée. Cette latitude parut même nécessaire dans les discussions qui précédèrent la loi du 20 septembre : on disait alors que la tenue de six registres serait plus embarrassante qu'utile dans les endroits qui n'étaient pas très-peuplés.

» La loi de 1792 attribuait à l'autorité administrative une sorte de juridiction et de police sur la tenue

des

des registres. En effet, elle disposait qu'ils seraient cotés et paraphés par le président du directoire de district ; que l'un des doubles serait transmis à cette administration, qui vérifierait si les actes avaient été dressés et les registres tenus dans les formes prescrites, et que ce double serait ensuite envoyé au directoire de département avec les observations, déposé et conservé aux archives de cette administration. On motivait ces dispositions sur les relations des citoyens avec les administrations de département, les relations des administrations avec le ministre de l'intérieur et le Corps législatif. On prétendait que les registres seraient mieux conservés dans les archives des administrations que dans les greffes ; que ce dépôt n'avait rien de commun avec les fonctions judiciaires ; que les rapports des citoyens avec les tribunaux, quant à leur état civil, étaient purement accidentels ; qu'au contraire l'administration devait donner les états de population, et répartir les contributions, dont la population est une des grandes bases.

» D'un autre côté, on dit avec raison que l'état civil des citoyens est une propriété qui repose, comme toutes les autres propriétés, sous l'égide des tribunaux. Les registres doivent être cotés et paraphés par le juge, parce que sans cela, en cas de contestation, il serait obligé de faire vérifier la signature et le paraphe des préfet ou sous-préfet. Ainsi, lorsque les registres étaient tenus par les curés, ils étaient déposés aux greffes des bailliages, et conservés par l'autorité chargée de protéger l'état des citoyens. On n'attente point aux droits de l'autorité administrative : ses fonctions, qui ne sont à cet égard que de police, se bornent à pourvoir les communes de registres; car s'il y a des altérations, s'il survient des procès, cela ne regarde plus que les tribunaux. Il importe que le dépositaire du registre soit, autant que possible, permanent; et les agens de l'autorité judiciaire sont plus stables que ceux de l'autorité administrative. Si les préfets ont besoin des registres pour les états de population, on pourra les autoriser à prendre aux greffes des tribunaux tous les renseignemens qui leur seront nécessaires : d'ailleurs, le double qui doit être déposé aux archives de chaque commune est toujours à leur disposition.

» C'est d'après ces motifs qu'on propose de faire coter et parapher les registres par le président du tribunal de première instance, de faire déposer l'un des doubles au

greffe de ce tribunal, et d'annexer à ce double les procurations ou autres pièces dont la présentation aura été exigée.

» Il ne suffisait pas de régler la forme dans laquelle les registres doivent être tenus, et d'en prescrire le dépôt ; il fallait encore rendre les officiers civils responsables, prononcer des peines contre ceux qui se rendraient coupables de contraventions ou de délits, imposer à une autorité étrangère à la tenue des registres, le devoir d'en vérifier l'état et de poursuivre l'application de peines, et réserver les dommages-intérêts des parties lésées.

» On doit, en effet, distinguer les simples contraventions qui sont le résultat de l'erreur ou de la négligence, des délits qui supposent des intentions criminelles, tels que les faux ou les altérations. Les contraventions ne sont punies que d'une amende qui ne peut excéder 100 fr. ; les délits sont punis de peines qu'il n'appartient qu'au Code pénal de déterminer.

» Le commissaire du Gouvernement près le tribunal de première instance vérifie l'état des registres lorsqu'ils sont déposés au greffe ; il en dresse procès-verbal sommaire ; il dénonce les délits, et requiert la condamnation aux amendes.

» Cette vérification ne lui donne pas le droit, ni au tribunal, de rien changer d'office à l'état des registres ; ils doivent demeurer avec leurs omissions, leurs erreurs ou leurs imperfections : il serait du plus grand danger que, même sous le prétexte de régulariser, de corriger ou de perfectionner, aucune autorité pût porter la main sur les registres. L'allégation d'un vice dans un acte est un fait à prouver ; il peut être contesté par les tiers auxquels l'erreur prétendue a acquis des droits ; c'est la matière d'un procès : les tribunaux ne peuvent en connaître que dans ce dernier cas, comme on le verra au titre de *la Rectification des actes*. S'il en était autrement, l'état, la fortune des citoyens, seraient à chaque instant compromis et toujours incertains.

» Il n'y a que l'autorité des titres publics et de la possession qui rende l'état civil inébranlable. La loi naturelle a établi la preuve qui naît de la possession ; la loi civile a établi la preuve qui naît des registres ; la preuve testimoniale seule n'est pas d'un poids ni d'un caractère qui puissent suppléer à ces espèces de preuves, ni leur être opposés.

» Toutes les ordonnances, animées de cet esprit, ont donc voulu que la preuve de la naissance fût faite par les registres publics; et, en cas de perte des registres publics, que l'on eût recours aux registres et papiers domestiques des pères et mères décédés, pour ne pas faire dépendre uniquement l'état, la filiation, l'ordre et l'harmonie des familles, de preuves équivoques et dangereuses, telles que la preuve testimoniale seule, dont l'incertitude a toujours effrayé les législateurs.

» L'ordonnance de 1767 avait, par une disposition formelle, consacré ces principes; la jurisprudence y a toujours été conforme, et le projet de loi les rappelle.

» Il était nécessaire de régler ce qui concerne l'état civil des Français qui sont momentanément à l'étranger. La loi leur permet de suivre les formes établies dans les pays où ils se trouvent, ou de profiter du bénéfice de la loi française, en s'adressant aux agens diplomatiques de leur nation, qui sont considérés comme officiers de l'état civil. On a donné, à cet égard, quelque extension aux dispositions de l'ordonnance de 1681.

» Le titre II règle ce qui concerne les actes de naissance.

» Les anciennes lois exigeaient simplement, dans les actes de baptême, la signature du père, s'il était présent, et celles du parrain et de la marraine.

» La loi de septembrre 1792 exigea davantage : elle imposa au père et à l'accoucheur présent à la naissance, ou à la personne chez laquelle une femme aurait accouché, l'obligation de déclarer la naissance à l'officier de l'état civil ; elle punit de deux mois de prison la contravention à cette disposition : mais on reconnut bientôt que la loi était incomplète, puisqu'elle ne déterminait pas la délai dans lequel la déclaration devait être faite. Cette omission fut réparée par la loi additionnelle du 19 décembre 1792, qui fixa ce délai à trois jours de la naissance et du décès, et qui porta la peine jusqu'à six mois de prison en cas de récidive. On ne voit point, dans la discussion de ces lois, le motif de ce nouveau système des déclarations ; cependant il est facile de le reconnaître lorsqu'on se reporte aux circonstances. Les dissensions religieuses et politiques faisaient dissimuler des naissances. Il y avait des parens qui, par esprit d'opposition à la nouvelle législation, ou par les alarmes qu'on jetait dans leur conscience, refusaient de présenter leurs enfans à l'officier civil; l'état de ces enfans était compromis : mais il fallait éclairer plutôt que punir. La menace de la peine ne convertit point les parens de mauvaise foi; elle ne décida point les consciences timorées et crédules : tout le monde sait que la loi ne continua pas moins à être éludée.

» Maintenant que les circonstances sont changées, que la liberté des cultes existe réellement, que les persécutions religieuses ont entièrement cessé, qu'en attribuant à l'autorité civile la rédaction des actes relatifs à l'état des hommes, on ne défend point aux parens de les faire sanctifier par les solennités de leur religion, il est inutile d'employer des moyens de rigueur, dont l'effet est d'ailleurs toujours illusoire. La déclaration des naissances n'a donc été conservée que comme un conseil, et comme l'indication d'un devoir à remplir par les parens ou autres témoins de l'accouchement. On a pensé que la peine ne servirait qu'à éloigner de la mère les secours de l'amitié, de l'art et de la charité, dans le moment où, donnant le jour à un être faible, elle en a le plus besoin pour elle et pour lui. Car quel est celui qui ne redouterait pas d'être témoin d'un fait à l'occasion duquel il pourrait être un jour, quoique innocent, recherché et puni de deux ou six mois de prison ! D'ailleurs, pour punir le défaut de déclaration, il faut évidemment fixer un délai dans lequel cette obligation devra être remplie ; et si, par des circonstances que le législateur ne peut prévoir, cette déclaration n'a pas été faite dans le temps prescrit, il en résultera que l'on continuera à dissimuler la naissance de l'enfant, plutôt que de s'exposer à subir une peine en faisant une déclaration tardive : ainsi, les précautions que l'on croirait prendre pour assurer l'état des hommes, ne feraient au contraire que le compromettre.

» Les déclarations de naissance seront faites dans les trois jours de l'accouchement, à l'officier civil, par le père ou autres personnes qui auront assisté à l'accouchement ; l'acte sera dressé de suite en présence de deux témoins.

» L'enfant sera toujours présenté à l'officier civil. Cette formalité est nécessaire pour prévenir beaucoup d'abus ; elle n'interdit point à l'officier civil de se transporter vers l'enfant suivant l'urgence des cas.

» Un article règle ce qui concerne les enfans trouvés, comme dans la loi de 1792 : on a seulement évité d'employer toute expression qui tendrait à occasionner des recherches sur la paternité. Constater la naissance de l'enfant et le lieu où il est déposé, pourvoir à ses besoins, recueillir avec soin tout ce qui peut servir à le faire un jour reconnaître par ses parens ; voilà les droits et les obligations de la société, voilà ce qui se pratique chez toutes les nations policées. Les recherches que l'autorité ferait de la paternité seraient funestes aux enfans ; elles mettraient aux prises l'honneur avec la tendresse maternelle, la pudeur avec la nature ; elles renouvelleraient le scandale de ces crimes affreux que provoquait une législation barbare.

» On a prévu le cas où un enfant naîtrait pendant un voyage de mer ; on a pourvu à ce que son acte de naissance ne se perdît point en cas de naufrage.

» Enfin, comme au titre *de la Filiation* il est traité de la reconnaissance des enfans nés hors mariage, un article statue que les actes de reconnaissance seront inscrits sur les registres.

» Le titre III traite des actes de mariage.

» On en a soigneusement écarté tout ce qui est relatif aux conditions, aux empêchemens, aux nullités : tous ces objets, tenant à la validité du mariage, ont été renvoyés au titre qui concerne cet important contrat.

» Le mariage intéresse toute la société : son premier caractère est d'être public. L'ordonnance de Blois voulait « que toute personne, de quelque état et condition » qu'elle fût, ne pût contracter valablement mariage sans » proclamation précédente de bans, faite par trois di- » vers jours de fête avec intervalle compétent, dont » on ne pourrait obtenir dispense, sinon après la pre- » mière publication, et seulement pour quelque urgente » et légitime cause.

» Mais les dispositions de cette loi furent éludées ; la formalité des publications n'était plus observée que par ceux qui n'avaient pas le moyen de payer les dispenses ; ces trois publications étaient devenues l'exception, et les dispenses la règle habituelle.

» La loi de 1792 n'exigeait qu'une publication faite huit jours avant la célébration du mariage, et affichée pendant ce délai.

» Il est si important de prévenir les abus des mariages clandestins, que l'on propose de faire deux publications à huit jours d'intervalle.

» Mais les publications ne produisent réellement la publicité que lorsqu'elles sont faites les jours où les citoyens se réunissent ; c'est par ce motif que l'on a désigné le dimanche : cependant les publications n'en seront pas moins un acte civil absolument étranger aux institutions religieuses ; c'est l'officier civil qui est chargé de les faire, et devant la porte de la maison commune. On a encore ajouté la précaution de l'affiche pendant les huit jours d'intervalle de l'une à l'autre publication, et le mariage ne pourra être célébré que trois jours après la deuxième publication.

» Il serait superflu de détailler ici les énonciations qui doivent être faites dans ces sortes d'actes, ainsi que la forme du registre sur lequel elles doivent être inscrites.

» Il fallait prévoir le cas où le mariage n'aurait pas été célébré après les publications, ni dans l'année qui les suit ; alors on dispose qu'il ne pourra plus l'être sans de nouvelles publications : le motif de cette disposition n'a pas besoin d'être développé.

» Plusieurs articles règlent la forme des oppositions, de leur notification et de leur main-levée, la mention sur le registre des publications. En cas d'opposition, l'officier de l'état civil ne peut passer outre au mariage, sous peine de trois cents francs d'amende, et de dommages-intérêts.

» Comme la validité du mariage dépend de l'âge des contractans, ils sont tenus de représenter leur extrait de naissance à l'officier de l'état civil : mais il y a des circonstances où la représentation de cet acte est impossible ; il est juste alors d'y suppléer ; la faveur due au mariage l'exige.

» On le fera en rapportant un acte de notoriété qui devra être homologué par un tribunal qui appréciera les causes qui empêchent de rapporter l'acte de naissance.

» Après avoir pris toutes les précautions pour assurer la publicité du mariage, et après avoir désigné les pièces que les contractans doivent produire relativement à leur état, la loi règle la célébration.

» Elle doit avoir lieu dans la commune où l'un des deux époux a son domicile : ce domicile, quant au mariage, s'établit par six mois d'habitation ; c'est un principe consacré par toutes les lois : c'est l'officier de l'état civil qui célèbre le mariage au jour désigné par les futurs époux, et dans la maison commune.

» L'acte de célébration doit être inscrit sur les regitres.

» Le titre IV règle ce qui concerne les décès.

» Les dispositions de la loi sont conformes à celles de 1792, sauf quelques modifications.

» L'ihumation ne peut être faite sans une autorisation de l'officier de l'état civil, qui ne pourra la délivrer qu'après s'être transporté auprès de la personne décédée, pour s'assurer du décès, et que vingt-quatre heures après le décès. La loi ajoute : *Hors les cas prévus par les réglemens de police :* cette exception a été réclamée par plusieurs tribunaux. Il y a en effet des circonstances où le délai de vingt-quatre heures pourrait devenir funeste ; il est d'une bonne police d'y pourvoir.

» Le transport de l'officier de l'état civil auprès de la personne décédée, est une précaution indispensable pour constater le décès : la loi l'a exigé dans des cas où celle de 1792 l'avait omis ; comme ceux de décès dans les hôpitaux, prisons et autres établissemens publics.

» Il y a des décès qui, par leur nature et leurs causes, font exception ; la loi de 1792 n'avait réglé que ce qui concernait les corps trouvés avec des indices de mort violente.

» Le projet de loi embrasse encore ce qui concerne les exécutions à mort, ou les décès dans les maisons de reclusion et de détention.

» L'usage était d'inscrire sur les registres le procès-verbal d'exécution à mort ; la loi du 21 janvier 1790 l'abolit, et ordonna qu'il ne serait plus fait sur les registres aucune mention du genre de mort.

» On a pensé qu'il fallait étendre cette disposition à trois espèces qui les renferment toutes :

» La mort violente, qui comprend le duel, et sur-tout le suicide ;

» La mort en prison ou autres lieux de détention ; ce qui comprend l'état d'arrestation, d'accusation et de condamnation ;

» Enfin, l'exécution à mort par suite d'un jugement.

» Quoique, aux yeux de la raison, les peines, et la flétrissure qui en résulte, soient personnelles, on ne peut pas se dissimuler qu'un préjugé contraire a encore beaucoup d'empire sur le plus grand nombre des hommes : dès-lors la loi qui ne peut l'effacer subitement, doit en adoucir les effets, et venir au secours des familles qui auraient à en supporter l'injustice. Elle a donc consacré formellement le principe de celle de 1790, en disposant que, dans tous ces cas, les actes de décès seront simplement rédigés dans les formes communes aux décès ordinaires.

» Elle règle ensuite ce qui concerne le décès en mer, comme elle l'a fait pour les naissances.

» Après avoir embrassé dans sa prévoyance la naissance, le mariage et la mort ; après avoir prescrit toutes les précautions capables d'assurer l'état des hommes et de prévenir les abus que la fraude, la négligence ou l'erreur peuvent introduire, la loi a dû s'occuper de ce qui concerne les militaires hors le territoire de la République : c'est l'objet du titre V.

» Les armées de la République sont composées de toute la jeunesse française ; ce sont les fils des citoyens que la loi y appelle sans exception. En obéissant à la voix de la patrie, chaque soldat n'en continue pas moins d'appartenir à une famille ; il ne cesse point d'avoir le libre usage des droits civils, dans les limites qui sont compatibles avec l'état militaire. Ainsi, lorsqu'il est sur le territoire français, ses droits sont réglés par la loi commune ; mais en temps de guerre, lorsque l'armée est sur le territoire étranger, il y a nécessairement exception.

» On aurait pu rigoureusement, dans le projet de loi, se contenter de l'article du titre des dispositions générales, qui porte que « tous actes de l'état civil des Français, » faits en pays étranger, feront foi, lorsqu'ils auront été » rédigés dans les formes usitées dans ces pays. »

» Mais, quant à cette matière, on a pensé avec raison que la France était momentanément par-tout où une armée française portait ses pas ; que la patrie, pour des militaires, était toujours attachée au drapeau.

» Pendant la dernière guerre, on s'est joué du plus saint des contrats, du mariage. Des héritiers dont l'origine a été inconnue aux familles, viennent chaque jour y porter le trouble : des parens sont toujours dans l'incertitude sur l'existence de leurs enfans. Il y a eu sans doute des abus que le caractère extraordinaire de cette guerre ne permettait pas de prévenir ; mais il en est un grand nombre qu'on peut attribuer à l'imprévoyance de la législation.

» Il y aura donc un registre de l'état civil dans chaque corps de troupe, et à l'état-major de chaque armée pour les officiers sans troupe et pour les employés.

» Les fonctions d'officier de l'état civil seront remplies, dans les corps, par le quartier-maître ; et à l'état-major, par l'inspecteur aux revues.

Les actes seront inscrits sur ces registres, et expédition en sera envoyée à l'officier de l'état civil du domicile des parties, pour y être inscrite sur les registres. A la rentrée des armées sur le territoire de la République, les registres de l'état civil des militaires seront déposés aux archives de la guerre.

» Les

» Les publications de mariage continueront d'être faites au lieu du dernier domicile des époux, et mises en outre à l'ordre du jour des corps ou de l'armée, vingt-cinq jours avant la célébration du mariage.

» Le titre sixième du projet de loi contient quelques dispositions relatives à la rectification des actes de l'état civil.

» Il y a eu à cet égard deux systèmes.

» Dans le projet de Code on avait décidé que les ratures et renvois non aprouvés ne viciaient point le surplus de l'acte, et qu'on aurait tel égard que de raison aux abréviations et dates mises en chiffres. S'il y avait des nullités, le commissaire près le tribunal devait requérir que les parties et les témoins qui avaient souscrit les actes nuls, fussent tenus de comparaître devant l'officier de l'état civil, pour rédiger un nouvel acte ; ce qui devait être ordonné par le tribunal. En cas de mort ou d'empêchement des témoins, ils étaient remplacés par d'autres témoins.

» La rectification pouvait aussi être ordonnée par les tribunaux, sur la demande des parties intéressées : le jugement ne pouvait jamais être opposé à celles qui n'avaient point requis la rectification, ou qui n'y avaient point été appelées.

» Les jugemens de rectification rendus en dernier ressort, ou passés en force de chose jugée, devaient être inscrits sur les registres, en marge de l'acte réformé.

» Ainsi, l'on distinguait à cet égard deux juridictions : l'une que nous appellerons *gracieuse*, lorsque le tribunal ordonnait d'office la rectification ; l'autre *contentieuse*, lorsque la rectification était ordonnée sur la demande des parties. Ce dernier mode forme le second système.

» Le premier système a paru susceptible d'inconvéniens, en ce que l'on entamait la question des nullités des actes de l'état civil, qu'il est impossible de préciser assez exactement, et qu'il vaut mieux laisser en litige et à l'arbitrage des juges, suivant les circonstances, sauf quelques cas graves spécialement déterminés aux divers titres du Code civil, tels que ceux du *Mariage* et *de la Filiation.*

» Ensuite on a pensé que rien ne justifiait cette vérification d'office requise par le commissaire, et ordonnée par le tribunal : on ne conçoit pas comment elle pourrait être faite sans donner lieu à de graves inconvéniens. Les registres de l'état civil sont, comme nous l'avons déjà dit, un dépôt sacré ; nulle autorité n'a le droit de modifier ou de rectifier d'office les actes qui y sont inscrits. Si le commissaire près le tribunal est tenu de vérifier l'état des registres, lorsqu'ils sont déposés au greffe, ce ne peut être que pour constater les contraventions ou les délits commis par les officiers de l'état civil, et pour en requérir la punition : c'est une vérification de police, qui ne doit nullement influer sur la validité des actes ; c'est ainsi que la loi de 1792 l'avait décidé. Les erreurs, les omissions, et tous les vices qui peuvent se rencontrer dans les actes de l'état civil, acquièrent des droits à des tiers. S'il y a lieu à rectification, elle ne doit être ordonnée que sur la demande des parties, contradictoirement avec tous les intéressés : en un mot, la rectification officieuse serait absolument inutile, puisque les partisans de ce système ne peuvent pas s'empêcher de convenir qu'elle ne pourrait être opposée à ceux qui n'y auraient pas consenti, ou qui n'y auraient pas été appelés.

» Le projet de loi n'adopte donc la rectification que sur la demande des parties et contradictoirement avec tous les intéressés. La rectification ne peut jamais être opposée à ceux qui y ont été étrangers. Lorsque le jugement qui l'ordonne est rendu en dernier ressort, ou passé en force de chose jugée, il doit être inscrit sur les registres, en marge de l'acte réformé.

» Il n'y a point de modèles ou formules d'actes annexés à la loi. Il peut être utile d'en transmettre aux officiers de l'état civil pour en faciliter la rédaction, et pour la rendre uniforme ; mais ces modèles sont susceptibles de perfection. Il faut qu'on puisse y faire les changemens dont l'expérience démontrera l'utilité. Il serait fâcheux d'être lié à cet égard par une loi, par un Code civil, dont la perpétuité doit être dans le vœu des législateurs et des citoyens. Le code règle la forme des actes : des modèles ne sont plus qu'un acte d'exécution, dont à la rigueur on pourrait se passer ; mais le Gouvernement y pourvoira.

» Tels sont, citoyens législateurs, les motifs du projet de loi qui vous est présenté. »

Le C. EMMERY dépose sur le bureau l'exposé des motifs du projet de loi formant le titre III du projet de Code civil, et relatif *au Domicile*, présenté au Corps législatif le 11 de ce mois.

Cet exposé est ainsi conçu :

« Citoyens Législateurs,

» Le maintien de l'ordre social exige qu'il y ait des règles d'après lesquelles on puisse juger du vrai domicile de chaque individu.

» Il n'appartient qu'à la Constitution de poser celles du domicile politique.

» Les règles du domicile, considéré relativement à l'exercice des droits civils, sont du ressort de la loi civile. Il n'est ici question que de celles-ci.

» Le citoyen cité devant un magistrat est obligé de comparaître ; mais cette obligation suppose qu'il a été touché de la citation.

» Il n'est pas toujours possible de la donner à la personne ; on peut toujours la remettre à son domicile.

» On entend par-là le lieu où une personne jouissant de ses droits a établi sa demeure, le centre de ses affaires, le siége de sa fortune, le lieu d'où cette personne ne s'éloigne qu'avec le desir et l'espoir d'y revenir dès que la cause de son absence aura cessé.

» Le domicile de tout Français, quant à l'exercice de ses droits civils, est donc au lieu où il a son principal établissement.

» L'enfant n'a pas d'autre domicile que celui de son père ; et le vieillard, après avoir vécu long-temps loin de la maison paternelle, y conserve encore son domicile, s'il n'a pas manifesté la volonté d'en prendre un autre.

» Le fait doit toujours concourir avec l'intention. La résidence la plus longue ne prouve rien, si elle n'est pas accompagnée de volonté ; tandis que si l'intention est constante, elle opère avec la résidence la plus courte, celle-ci ne fût-elle que d'un jour.

» Vous voyez que toute la difficulté, dans cette matière, tient à l'embarras de reconnaître avec certitude quand le fait et l'intention se trouvent réunis : tant qu'un homme n'a pas abandonné son premier domicile, on ne peut pas lui prêter une volonté contraire à celle que le fait rend sensible.

» La difficulté commence, lorsque, de fait, il y a changement de résidence, si les motifs de ce changement restent incertains, s'ils sont tels, qu'on ne puisse pas en conclure l'intention de quitter pour toujours l'ancien domicile et d'en prendre un nouveau.

» Ces questions tombent nécessairement dans le

domaine du juge; l'ancienne législation les y avait laissées, la nouvelle tenterait vainement de les en tirer : il n'y a pas moyen de prévoir tous les cas.

» Ce que peut faire le législateur, c'est d'offrir à la bonne foi de ceux qui veulent changer de domicile, un moyen légal de manifester leur volonté sans équivoque, en sorte qu'il n'y ait plus de prétexte aux argumentations qu'on voudrait leur opposer.

» On propose en conséquence de faire résulter la preuve de l'intention, d'une déclaration expresse qui aurait été faite, tant à la municipalité du lieu qu'on quitte, qu'à celle du lieu où l'on transfère son domicile.

» Cette déclaration n'est point obligée : l'homme qui n'aura que des motifs honnêtes pour user de sa liberté naturelle en changeant de domicile, ne craindra pas d'annoncer hautement sa volonté, que nul n'a le droit de contrarier; le fait concourant avec elle, l'évidence se rencontrera des deux côtés, et il n'y aura plus matière à contestation.

» Mais l'homme qui, par exemple, fuira ses créanciers, n'aura garde de signaler sa fuite par des déclarations; celui-ci ne pourra pas non plus faire admettre comme certain ce qui restera toujours en question, par rapport à lui : à défaut de déclaration expresse, la preuve de son intention dépendra des circonstances dont le juge deviendra l'arbitre.

» Un citoyen appelé à des fonctions publiques hors du lieu où il avait son domicile, le perdra-t-il en acceptant des fonctions qui l'obligent de résider ailleurs ? Cette question, d'un intérêt général dans la République, demandait une solution positive.

» Il a paru qu'elle sortirait naturellement des principes, si l'on distinguait entre les fonctions temporaires et révocables, et celles qui sont conférées à vie.

» Un fonctionnaire a l'intention de remplir ses devoirs dans toute leur étendue; la loi ne peut du moins admettre une autre supposition. Celui qui accepte des fonctions inamovibles, contracte, à l'instant même, l'engagement d'y consacrer sa vie : lors donc qu'il se transporte au lieu fixé pour l'exercice de ses fonctions, ses motifs ne sont pas douteux; à côté du fait constant se place une intention moralement évidente. Il y a donc translation immédiate du domicile de ce fonctionnaire inamovible, dans le lieu où il doit exercer ses fonctions.

» Mais si elles ne sont que temporaires ou révocables,

la volonté d'abandonner l'ancien domicile n'est plus également présumable : on le quitte pour remplir des obligations auxquelles on voit un terme; quand ce terme est arrivé, il n'y a plus de raison pour prolonger le sacrifice de toutes les habitudes de sa vie, pour induire un changement de domicile de l'acceptation de fonctions temporaires ou révocables : il faudra donc que l'intention de renoncer à son ancienne demeure soit clairement manifestée.

» L'ancien droit, fondé sur la nature même des choses, doit subsister et subsistera par rapport aux femmes mariées, aux mineurs non émancipés et aux majeurs interdits. Le domicile des premières est chez leurs maris; celui des autres, chez leurs pères, mères, tuteurs ou curateurs.

» Les majeurs qui servent ou qui travaillent habituellement chez autrui, ont le même domicile que la personne qu'ils servent ou chez laquelle ils travaillent, pourvu qu'ils demeurent avec cette personne et dans la même maison. Cette condition suffit pour restreindre le principe général dans ses justes bornes, et prévenir toute incertitude dans l'application.

» On rappelle, pour la confirmer, la règle en vertu de laquelle le lieu d'ouverture de la succession est déterminé par le domicile du défunt. Il importe à tous les intéressés de savoir précisément à quel tribunal ils doivent porter leurs demandes. Un homme peut mourir loin de chez lui; ses héritiers peuvent être dispersés : ces circonstances feraient naître de grands embarras, s'il n'y était pourvu par le moyen qui est en usage, et qu'il a paru sage de maintenir.

» Enfin, législateurs, on a cru devoir autoriser la convention par laquelle des parties contractantes, ou l'une d'elles, éliraient un domicile spécial et différent du domicile réel, pour l'exécution de tel ou tel acte. La loi ne fait en cela que prêter sa force à la volonté des parties, qui n'a rien que de licite et de raisonnable; seulement on exige que l'élection de domicile soit faite dans l'acte même auquel elle se réfère; et pour qu'on ne puisse pas en abuser, on a soin de restreindre l'effet d'une semblable stipulation, aux significations, demandes et poursuites relatives à ce même acte : elles seules pourront être faites au domicile convenu, et devant le juge de ce domicile. »

Le C. BIGOT-PRÉAMENEU dépose sur le bureau l'exposé des motifs du projet de loi formant le titre IV du projet de Code civil et relatif *aux Absens*, présenté au Corps législatif dans sa séance de ce jour.

Cet exposé est ainsi conçu :

« CITOYENS LÉGISLATEURS,

» Le titre du Code civil qui a pour objet *les Absens*, offre les exemples les plus frappans de cette admirable surveillance de la loi, qui semble suivre pas à pas chaque individu pour le protéger aussitôt qu'il se trouve dans l'impuissance de défendre sa personne ou d'administrer ses biens.

» Cette impuissance peut résulter de l'âge ou du défaut de raison, et la loi y pourvoit par les tutelles.

» Elle peut venir aussi de ce que l'individu absent n'est plus à portée de veiller à ses intérêts.

» Ici la loi et les juges ont besoin de toute leur sagesse.

» Leur but est de protéger l'absent ; mais lors même qu'ils ne veulent que le garantir des inconvéniens de son absence, ils sont le plus souvent exposés aux risques de le troubler dans le libre exercice que chacun doit avoir de ses droits.

» L'absence, dans l'acception commune de cette expression, peut s'appliquer à ceux qui sont hors de leur domicile, mais dont on connaît le séjour ou l'existence ; il ne s'agit ici que des personnes qui se sont éloignées du lieu de leur résidence ordinaire, et dont on n'a point de nouvelles.

» Depuis long-temps le vœu des jurisconsultes était qu'il y eût enfin à cet égard des règles fixes.

» On n'en trouve presque aucune dans le droit romain.

» Il n'a point été rendu en France, à cet égard, de loi générale.

» Les relations du commerce extérieur et les temps de troubles ont plus que jamais multiplié les absences.

» Enfin, il n'est point de matière sur laquelle la jurisprudence des tribunaux soit plus variée et plus incertaine.

» Lorsque l'absence, sans nouvelles, s'est prolongée pendant un certain temps, on en a tiré, dans les usages des différens pays, diverses conséquences.

» Dans les uns, et c'est le plus grand nombre, on a pris pour règle que toute personne absente et dont la mort n'est pas constatée, doit être présumée vivre jusqu'à cent ans, c'est-à-dire, jusqu'au terme le plus reculé de la vie ordinaire; mais qu'alors même un autre mariage ne peut être contracté.

» Dans d'autres pays, on a pensé que, relativement à la possession, et même à la propriété des biens de l'absent, il devait être présumé mort avant l'âge de cent ans; et que le mariage était le seul lien qui dût être regardé comme indissoluble avant l'expiration d'un siècle écoulé depuis la naissance de l'époux absent.

» D'autres enfin ont distingué entre les absens qui étaient en voyage et ceux qui avaient disparu subitement: dans ce dernier cas on présumait plus facilement leur décès; après un certain temps, on les réputait morts du jour qu'ils avaient disparu, et ce temps était moins long lorsqu'on savait qu'ils avaient couru quelque danger.

» Ces diverses opinions manquent d'une base solide, et elles ont conduit à des inconséquences que l'on aura occasion de faire observer.

» Il a paru préférable de partir d'idées simples et qui ne puissent pas être contestées.

» Lorsqu'un long temps ne s'est pas encore écoulé depuis que l'individu s'est éloigné de son domicile, la présomption de mort ne peut résulter de cette absence; il doit être regardé comme vivant.

» Mais si, pendant un certain nombre d'années, on n'a point de ses nouvelles, on considère alors que les rapports de famille, d'amitié, d'affaires, sont tellement dans le cœur et dans l'habitude des hommes, que leur interruption absolue doit avoir des causes extraordinaires, causes parmi lesquelles se place le tribut même rendu à la nature.

» Alors s'élèvent deux présomptions contraires; l'une de la mort par le défaut de nouvelles, l'autre de la vie par son cours ordinaire. La conséquence juste de deux présomptions contraires est l'état d'incertitude.

» Les années qui s'écoulent ensuite rendent plus forte la présomption de la mort; mais il n'est pas moins vrai qu'elle est toujours plus ou moins balancée par la présomption de la vie; et si, à l'expiration de certaines périodes, il est nécessaire de prendre des mesures nouvelles, elles doivent être calculées d'après les différens degrés d'incertitude, et non pas exclusivement sur l'une ou l'autre des présomptions de vie ou de mort: ce qui conduit à des résultats très-différens.

» Nous avons à parcourir les différentes périodes de l'absence, à examiner sur quel nombre d'années il a été convenable de les fixer, et quelles ont été, dans chacune de ces périodes, les mesures exigées par le propre intérêt de l'absent, par celui de sa famille, et par l'intérêt public, qui veut aussi que les propriétés ne soient pas abandonnées ou trop long-temps incertaines.

» La première période est celle qui se trouve entre le moment du départ et l'époque où les héritiers présomptifs de l'absent peuvent être envoyés, comme dépositaires, en possession de ses biens.

» Les usages sur la durée de cette période étaient très-variés.

» A Paris, et dans une partie assez considérable de la France, elle était de trois ans; dans d'autres pays, de cinq; dans d'autres, de sept et de neuf ans.

» Le cours de trois années n'a point paru suffisant : on doit, en fixant la durée de cette première période, considérer la cause la plus ordinaire de l'absence; ce sont les voyages maritimes, pendant lesquels il est assez ordinaire que plusieurs années s'écoulent avant qu'on ait pu donner de ses nouvelles.

» Mais si, pendant cinq années entières, il n'en a été reçu aucune, on ne pourra plus se dissimuler qu'il y a incertitude sur la vie; et lorsque les tribunaux auront fait, pour découvrir l'existence de l'absent, d'inutiles enquêtes, il y aura, dans le langage de la loi, *absence proprement dite*.

» Quant aux précautions à prendre pendant les cinq premières années, la loi ne peut, pour l'intérêt des personnes absentes, que s'en rapporter à la surveillance du ministère public et à la prudence des juges.

» L'éloignement fait présumer que l'absence *proprement dite* aura lieu : mais lorsqu'elle n'est encore que présumée, il n'est point censé que la personne éloignée soit en souffrance pour ses affaires; il faut qu'il y en ait des preuves positives, et, lors même que cette personne n'a pas laissé de procuration, on doit croire que c'est à dessein de ne pas confier le secret de sa fortune.

» Avec quelle réserve les magistrats eux-mêmes, malgré leur caractère respectable et la confiance qu'ils méritent, doivent-ils donc se décider à pénétrer dans le domicile qui fut toujours un asile sacré !

» Cependant, celui qui s'est éloigné sans avoir donné une procuration, peut avoir laissé des affaires urgentes, telles

telles que l'exécution des congés de loyer, leur paiement, celui d'autres dettes exigibles. Il peut se trouver intéressé dans des inventaires, dans des comptes, des liquidations, des partages.

» Ce sont autant de circonstances dans lesquelles les créanciers ou les autres intéressés ne doivent pas être privés de l'exercice de leurs droits. Ils ont le droit de provoquer la justice; et tout ce que peuvent les tribunaux en faveur de celui qui, par son éloignement, s'est exposé à ces poursuites, c'est de se borner aux actes qui sont absolument nécessaires pour que, sur ses biens, il soit satisfait à des demandes justes.

» Ainsi, lorsqu'il s'agira du paiement d'une dette, ce sera le magistrat, dont le secret et la bonne-foi ne peuvent être suspectes à la personne éloignée, qui pénétrera un seul instant dans son domicile pour en extraire la partie de l'actif absolument nécessaire, afin de remplir ses engagemens.

» Les successions, les comptes, les partages, les liquidations, dans lesquels les absens se trouvent intéressés, étaient avant les lois nouvelles autant de motifs pour leur nommer des curateurs. Trop souvent ces curateurs ont été coupables de dilapidations; trop souvent même, avec de la bonne-foi, ils ont, soit par ignorance, soit par négligence à défendre les intérêts de l'absent, soit même par le seul fait du discrédit que causent de pareilles gestions, opéré leur ruine.

» Une loi de l'Assemblée constituante, du 11 février 1791, avait réglé que « s'il y avait lieu de faire des in-» ventaires, comptes, partages et liquidations, dans » lesquels se trouveraient fondés des absens qui ne » seraient défendus par aucun fondé de procuration, » la partie la plus diligente s'adresserait au tribunal » compétent, qui commettrait d'office un notaire pour » procéder à la confection de ces actes. »

» L'absent lui-même n'eût pu choisir personne qui, plus qu'un notaire, fût en état de connaître et de défendre ses intérêts dans ce genre d'affaires.

» Une mesure aussi sage a été maintenue.

» Il n'en résulte pas que les nominations de curateurs soient interdites dans d'autres cas où les tribunaux le jugeront indispensable, mais ils ne le feront qu'en cherchant tous les moyens d'éviter les inconvéniens auxquels cette mesure expose.

» Il peut encore arriver que le père qui s'est éloigné,

ait laissé des enfans mineurs. Il n'est pas de besoin plus urgent que celui des soins qui leur sont dus.

» Rien à cet égard n'avait encore été prévu ni réglé.

» Il est conforme aux principes qui vous seront exposés au titre *des Tutelles*, que si la femme de l'absent vit, elle ait la surveillance des enfans, et qu'elle exerce tous les droits de son mari relatifs à leur éducation et à l'administration de leurs biens.

» C'est l'intérêt des enfans qui sont, à cet égard, au nombre des tiers ayant droit d'invoquer la justice ; c'est le droit naturel de la mère ; c'est la volonté présumée et en quelque sorte certaine du père absent, lorsqu'il n'y a aucune preuve d'intention contraire.

» Si la mère n'existe plus, on ne saurait croire que le père n'ait pris à son départ aucune précaution pour la garde et l'entretien de ses enfans ; mais aussi on présume que ses précautions n'ont été que pour un temps peu long, et dans l'espoir d'un prochain retour : on présume qu'elles n'ont point été suffisantes pour établir toutes les fonctions et tous les devoirs d'une tutelle.

» Ainsi, lorsqu'un temps, que l'on a fixé à six mois depuis la disparition du père, se sera écoulé, la surveillance des enfans sera déférée par le conseil de famille aux ascendans les plus proches, et, à leur défaut, à un tuteur provisoire.

» Cette mesure sera également nécessaire dans le cas où la mère serait morte depuis le départ du père, avant que son absence ait été déclarée, et dans le cas où l'un des époux qui aurait disparu laisserait des enfans mineurs issus d'un mariage précédent.

» Nous sommes parvenus à la seconde période, celle qui commence par la déclaration d'absence.

» C'est cette formalité qui doit avoir les conséquences les plus importantes. D'un côté les biens ne peuvent pas rester dans un plus long abandon ; mais d'un autre côté un citoyen ne peut pas être dépossédé de sa fortune avant qu'on n'ait employé tous les moyens de découvrir son existence, et de lui faire connaître qu'on le met dans son pays au nombre de ceux dont la vie est incertaine.

» Des précautions si raisonnables, et qui seront désormais regardées comme étant d'une absolue nécessité, avaient été jusqu'ici inconnues.

» La déclaration d'absence ne consistait que dans le jugement qui envoyait les héritiers présomptifs de l'absent en possession des biens. Il n'y avait, pour faire prononcer cet envoi, d'autre formalité à remplir que celle de produire aux juges un acte de notoriété dans lequel l'absence, sans nouvelles, était attestée.

» Ceux qui déclarent qu'il n'y a point eu de nouvelles d'un absent, ne prouvent rien, si ce n'est qu'ils n'ont point entendu dire qu'il en ait été reçu.

» Ce n'est point une preuve positive. Il n'en résulte pas que dans le même pays d'autres personnes n'aient point de renseignemens différens : cela constate encore moins que dans d'autres villes l'existence des absens, dans le cas sur-tout où ce sont des commerçans, soit inconnue.

» Il fallait chercher des moyens plus sûrs de découvrir la vérité; et, s'il en est un dont on puisse espérer de grand succès, c'est celui de donner à la déclaration d'absence une telle publicité, que tous ceux qui, en France, pourraient avoir des nouvelles de l'absent, soient provoqués à en donner, et que l'absent lui-même puisse connaître par la renommée les conséquences fâcheuses de son long silence.

» Les formes les plus solennelles pour la déclaration de l'absence et pour sa publication, vous sont présentées.

» A la place d'un simple acte de notoriété dans le lieu du domicile, on propose une enquête qui sera contradictoire avec le commissaire du Gouvernement.

» L'envoi en possession était provoqué par des parens dont la cupidité dès-lors allumée par l'espoir d'une propriété future, pouvait les porter à séduire le petit nombre de témoins qui étaient nécessaires pour un acte de notoriété, ou ils en trouvaient de trop crédules.

» Suivant la loi proposée, les témoins seront appelés non-seulement par les intéressés qui demanderont la déclaration d'absence, mais encore par le commissaire du Gouvernement. Celui-ci se fera un devoir d'appeler tous ceux dont les relations avec l'absent pourront répandre sur son sort quelques lumières.

» L'acte de notoriété n'était qu'une formule signée par les témoins : dans l'enquête on verra les différences entre leurs dépositions.

» Ce sont ses variations et ces détails qui mettent sur la voie dans la recherche de la vérité.

» Il était encore plus facile aux héritiers de trouver des témoins complaisans ou crédules, lorsque la résidence de l'absent avant son départ était dans un autre arrondissement que son domicile. Cet inconvénient est écarté par la double enquête qui sera faite, l'une par les juges du domicile, et l'autre par ceux de la résidence.

» La formule en termes positifs que présentaient aux juges les actes de notoriété, commandait en quelque sorte leur jugement d'envoi en possession. Ce jugement n'était lui-même, pour ainsi dire, qu'une simple formule.

» Suivant la loi proposée, il sera possible aux juges de vérifier si l'absence n'a point été déterminée par des motifs qui existeraient encore, et qui devraient faire différer la déclaration d'absence.

» Tel serait le projet que l'absent aurait annoncé de séjourner plusieurs années dans quelque contrée lointaine; telle serait l'entreprise d'un voyage de terre ou de mer qui, par son objet ou par les grandes distances, exigerait un très-long temps.

» Les juges pourront encore apprendre dans l'enquête, si des causes particulières n'ont point empêché qu'on ne reçût des nouvelles de l'absent. Tels seraient la captivité, la perte d'un navire, ou d'autres événemens qui pourront encore déterminer les juges à prolonger les délais.

» A tous ces moyens de découvrir la vérité, il en a été ajouté un dont on attend des effets avantageux; c'est la publicité que le ministre de la justice est chargé de donner aux jugemens qui auront ordonné les enquêtes pour constater l'absence sans nouvelles. Ce ministre emploiera non-seulement la voie des papiers publics, mais encore il provoquera dans les places de commerce les correspondances avec toutes les parties du globe.

» Cette publication des jugemens deviendra l'enquête la plus solennelle et la plus universelle.

» Les résultats en seront attendus pendant une année entière, qui sera la cinquième depuis le départ. Tous ceux qui auraient eu des nouvelles, ou ceux qui en recevraient, auront le temps d'en instruire la justice; et il suffira qu'un seul de ces avis nombreux parvienne à l'absent pour qu'il multiplie les moyens de faire connaître son existence.

» C'est ainsi que la loi viendra au secours de l'absent d'une manière plus efficace, et qui sera exempte d'une grande partie des risques et des inconvéniens auxquels il était exposé dans l'ancienne forme d'envoi en possession.

» Lorsqu'avec un simple acte de notoriété un absent était dépossédé de tous ses biens, cette mesure présentait une idée dont on ne pouvait se défendre, celle d'un acte arbitraire et sans garantie pour le droit de propriété.

» Mais lorsque d'une part les biens se trouveront dans l'abandon depuis cinq années, lorsque de l'autre, toutes les recherches possibles sur l'existence de l'absent auront été faites, et tous les moyens de lui transmettre des avis auront été épuisés, la déclaration d'absence ne pourra plus laisser d'inquiétude. Elle ne saurait être dès-lors aux yeux du public qu'un acte de conservation fondé sur une nécessité constante, et pour l'absent lui-même un acte de protection qui a garanti son patrimoine d'une perte qui devenait inévitable.

» Le jugement qui déclarera l'absence ne sera même pas rendu dans le délai de cinq ans, si l'absent a laissé une procuration.

» Vous aurez encore ici à observer une grande différence entre le droit ancien et celui qui vous est proposé.

» L'usage le plus général était de regarder la procuration comme n'étant point un obstacle à l'envoi en possession après le délai ordinaire. Ainsi, l'homme qui prévoyait une longue absence, et qui avait pris des précautions pour que la conduite et le secret de ses affaires ne fussent pas livrés à d'autres qu'à celui qui avait sa confiance, n'en restait pas moins exposé à ce que sa volonté et l'exercice qu'il avait fait de son droit de propriété fussent anéantis après un petit nombre d'années.

» Il est vrai que quelques auteurs distinguaient entre la procuration donnée à un parent et celle laissée à un étranger : ils pensaient que la procuration donnée à un parent devait être exécutée jusqu'au retour de l'absent, ou jusqu'à ce que sa mort fût constatée, mais que celle donnée à un étranger était révocable par les parens envoyés en possession.

» Cette distinction qu'il serait difficile de justifier, n'a point été admise, et la cessation trop prompte de l'effet des pouvoirs confiés par l'absent, a été regardée comme une mesure qui ne peut se concilier avec la raison ni avec l'équité.

» En effet, l'on ne peut pas traiter également celui qui a formellement pourvu à l'administration de ses affaires, et celui qui les a laissées à l'abandon.

» Le premier est censé avoir prévu une longue absence, puisqu'il a pourvu au principal besoin qu'elle entraîne. Il s'est dispensé de la nécessité d'une correspondance, lors même qu'il serait long-temps éloigné.

» Les présomptions contraires s'élèvent contre celui qui n'a pas laissé de procuration : on croira plutôt qu'il espérait un prompt retour, qu'on ne supposera qu'il ait omis une précaution aussi nécessaire; et, lorsqu'il y a manqué, il s'est au moins mis dans la nécessité d'y suppléer par sa correspondance.

» L'erreur était donc évidente lorsque, dans l'un et l'autre cas, on tirait les mêmes inductions du défaut de nouvelles pendant le même nombre d'années : il a paru qu'il y aurait une proportion juste entre les présomptions qui déterminent l'envoi en possession, si on exigeait, pour déposséder l'absent qui a laissé une procuration, un temps double de celui après lequel on prononcera l'envoi en possession des biens de l'absent qui n'a point de mandataire.

Ainsi, la procuration aura son effet pendant dix années depuis le départ ou depuis les dernières nouvelles, et ce sera seulement à l'expiration de ce terme, que l'absence sera déclarée, et que les parens seront envoyés en possession.

» On a aussi prévu le cas où la procuration cesserait par la mort ou par un autre empêchement. Ces circonstances ne changent point les inductions qui naissent du fait même qu'il a été laissé une procuration, et on a dû tirer de ce fait deux conséquences : la première, que les héritiers présomptifs ne seraient envoyés en possession qu'à l'expiration du même délai de dix ans ; la seconde, qu'il serait pourvu, depuis la cessation du mandat, aux affaires urgentes, de la manière réglée pour tous ceux qui ne sont encore que présumés absens.

» Il faut maintenant nous placer à cette époque où les absens, déclarés tels par des jugemens revêtus de toutes les formes, ont pu être dépossédés.

» On avait à décider entre les mains de qui les biens devaient être remis.

» Il suffit que la loi reconnaisse qu'il y a incertitude de la vie, pour que le droit des héritiers, sans cesser d'être éventuel, devienne plus probable : et puisque les biens doivent passer en d'autres mains que celles du propriétaire, les héritiers se présentent avec un titre naturel de préférence.

» La jurisprudence a toujours été uniforme à cet égard : toujours les héritiers ont été préférés.

» Personne ne peut avoir d'ailleurs plus d'intérêt à la conservation et à la bonne administration de ces biens, que ceux qui en profiteront si l'absent ne revient pas.

» Heureusement encore l'affection et la confiance entre parens sont les sentimens les plus ordinaires, et on peut présumer que tels ont été ceux de l'absent.

» On propose de maintenir la règle qui donne la préférence aux héritiers présomptifs.

» Au surplus, cette possession provisoire n'est qu'un dépôt confié aux parens. Ils se rendent comptables envers l'absent, s'il revient ou si on a de ses nouvelles.

» La manière de constater quels avaient été les biens laissés par l'absent, était différente suivant les usages de chaque pays.

» Dans la plupart, les formalités étaient imcomplètes ou insuffisantes.

» On a réuni celles qui donneront une pleine sûreté.

» La fortune de l'absent sera constatée par des inventaires en présence d'un magistrat. Les tribunaux décideront si les meubles doivent être vendus ; ils ordonneront l'emploi des sommes provenant du prix de la vente et des revenus : les parens devront même, s'ils veulent éviter, pour l'avenir, des discussions sur l'état dans lequel les biens leur auront été remis, le faire constater. Ils seront tenus de donner caution pour sûreté de leur administration.

» En un mot, la loi prend contre eux les mêmes précautions que contre un étranger, elle exige les mêmes formalités que pour les séquestres ordinaires ; et lors même qu'elle a été mise par l'absent dans la nécessité de le déposséder, elle semble encore ne le faire qu'à regret, et elle s'arme, contre la cupidité ou l'infidélité, de formes qui ne puissent être éludées.

» La loi proposée a écarté l'incertitude qui avait jusqu'ici existé sur l'exécution provisoire du testament que l'absent aurait fait avant son départ.

» En général, les testamens ne doivent être exécutés qu'à la mort de ceux qui les ont faits. La loi romaine portait même la sévérité au point de punir de la peine de faux quiconque se serait permis de procéder à l'ouverture du testament d'une personne encore vivante ; mais en même temps elle décidait que s'il y avait du doute sur l'existence du testateur, le juge pouvait, après avoir fait les dispositions nécessaires, permettre de l'ouvrir.

» Il ne saurait y avoir d'enquêtes plus solennelles que

celles qui précéderont l'envoi en possession des biens de l'absent. D'ailleurs, l'ouverture des testamens et leur exécution provisoire doivent être autorisées par les mêmes motifs qui font donner aux héritiers présomptifs la possession des biens. Le droit qu'ils tiennent de la loi, et celui que les légataires tiennent de la volonté de l'absent, ne doivent également s'ouvrir qu'à la mort : si donc, par l'effet de la déclaration de l'absence, le temps où la mort serait constatée est anticipé par l'envoi en possession des héritiers, il doit l'être également par une délivrance provisoire aux légataires.

» Ces principes et ces conséquences s'appliquent à tous ceux qui auraient sur les biens de l'absent des droits subordonnés à son décès; ils pourront les exercer provisoirement.

» Les mêmes précautions seront prises contre eux tous; ils ne seront, comme les héritiers, que des dépositaires tenus de fournir caution et de rendre des comptes.

» Il n'y a point eu jusqu'ici de loi qui ait décidé si la communauté entre époux continuait lorsque l'un d'eux était absent.

» Suivant l'usage le plus général, la communauté, dans le cas de l'absence de l'un des deux époux, était provisoirement dissoute du jour où les héritiers présomptifs avaient, après le temps d'absence requis, formé contre l'époux présent la demande d'envoi en possession des biens de l'absent.

» Elle était pareillement dissoute du jour que l'époux présent avait agi à cet égard contre les héritiers de l'absent.

» Si l'absence cessait, on considérait la communauté comme n'ayant jamais été dissoute, et les héritiers qui avaient été mis en possession étaient tenus de lui rendre compte de tous les biens qui la composaient.

» Cependant la raison et l'équité veulent que l'époux présent, dont la position est déjà si malheureuse, n'éprouve dans sa fortune que le moindre préjudice, et sur-tout qu'il n'en souffre pas au profit des héritiers et par leur seule volonté.

» Les héritiers n'ont jamais prétendu que l'époux présent fût tenu de rester malgré lui en communauté de biens avec eux : de quel droit le forceraient-ils à la dissoudre si la continuation lui en était avantageuse, ou plutôt comment pourrait-on les admettre à contester un droit qui repose sur la foi du contrat de mariage ? Si l'incertitude a suffi pour les mettre en possession provisoire des biens, ce n'est pas sur une incertitude que des héritiers, n'ayant qu'un droit précaire et provisoire, peuvent, contre la volonté de l'une des parties, rompre un contrat synallagmatique.

» Il faut conclure de ces principes, que l'époux présent doit avoir la faculté d'opter, soit la continuation, soit la dissolution de la communauté.

» Tel a été le parti adopté dans la loi proposée.

» On y a prévu qu'elles doivent être les conséquences de la continuation ou de la dissolution de communauté.

» Dans le premier cas, l'époux présent qui préfère la continuation de communauté, ne peut pas être forcé de livrer les biens qui la composent, et leur administration, aux héritiers de l'absent; *ils* ne seraient envoyés en possession que comme dépositaires. Et par quel renversement d'idées nommerait-on dépositaires d'une société ceux qui y sont étrangers, lorsque l'associé pour moitié se trouve sur les lieux?

» L'époux présent sera le plus ordinairement la femme; mais les femmes ne sont-elles pas aussi capables d'administrer leurs biens! Et dans le cas où, sans qu'il y ait absence, le mari décède laissant des enfans, la femme ne gère-t-elle pas et sa fortune et toute celle des enfans, qui sont plus favorables que des héritiers présomptifs!

» L'époux commun en biens, qui veut continuer la communauté, doit donc avoir la faculté d'empêcher l'envoi des héritiers en possession, et de prendre ou de conserver par préférence l'administration des biens.

» Au surplus, la déclaration qu'aurait faite la femme de continuer la communauté, ne doit pas la priver du droit d'y renoncer ensuite. Il est possible que des affaires entreprises avant le départ du mari, réussissent mal; et d'ailleurs, les droits que lui donne l'administration des biens de la communauté, ne sont pas aussi étendus que ceux du mari. Elle ne peut ni les hypothéquer ni les aliéner; leur administration, occasionnée par l'absence, n'est pour elle qu'une charge qui ne doit pas la priver d'un droit acquis, avant le départ de son mari, par le contrat de mariage ou par la loi.

» Dans le cas où l'époux présent demande la dissolution provisoire de la communauté, l'usage ancien sur l'exercice des reprises et des droits matrimoniaux de la femme était abusif; il y avait une liquidation, mais tous les biens restaient dans les mains des héritiers envoyés en possession : le motif était que si le mari reparassait, la communauté serait regardée comme n'ayant point été dissoute, et que ce serait à eux à lui rendre compte de tous les biens qui la composaient.

» Ce motif n'est pas équitable : la conséquence à tirer d'une dissolution provisoire de communauté n'est-elle pas plutôt que la femme reprenne aussi provisoirement tous ses droits! Pourquoi les héritiers seraient-ils plutôt dépositaires de sa propre fortune qu'elle-même! Et s'il est un point sur lequel on a pu hésiter dans la loi proposée, c'est sur la charge imposée à la femme de donner caution pour sûreté des restitutions qui devraient avoir lieu.

» C'est ainsi qu'on a réglé tout ce qui concerne l'envoi en possession des biens.

» Il fallait ensuite prévoir ce qui pourrait arriver pendant l'absence, et comment seraient exercés les droits de succession, ou tous autres dans lesquels l'absent se trouverait intéressé.

» L'usage ancien à Paris, usage encore existant dans quelques pays, était que l'absent fût considéré, par rapport aux droits qui s'ouvraient à son profit, comme s'il eût été présent. Ainsi on l'admettait au partage d'une succession, et ses créanciers avaient le droit d'exercer pour lui les actions du même genre en donnant caution.

» On est ensuite revenu à une idée plus simple et la seule qui soit vraie, celle de ne point considérer la présomption de vie ou celle de mort de l'absent, mais de s'en tenir, à son égard, à la règle suivant laquelle quiconque réclame un droit échu à l'individu dont l'existence n'est pas reconnue, doit prouver que cet individu existait quand le droit a été ouvert, et, jusqu'à cette preuve, doit être déclaré non-recevable dans sa demande.

» S'il s'agit d'une succession, elle sera dévolue exclusivement à ceux avec lesquels celui dont l'existence n'est pas reconnue, aurait eu le droit de concourir, ou à ceux qui l'auraient recueillie à son défaut.

» Cette règle a été maintenue, et on continuera de l'appliquer aux absens, à l'égard de tous les droits qui pourraient leur échoir.

» Après avoir prévu ce qui peut arriver pendant l'absence, il fallait encore déterminer quels sont les droits de l'absent lorsqu'il revient.

» Il est évident que s'il revient, ou si son existence

est prouvée pendant l'envoi des héritiers en possession, les effets du jugement qui a déclaré l'absence doivent cesser, et que, dans le second cas, celui où l'on sait seulement qu'il existe, sans qu'il soit de retour, on doit se borner, dans l'administration de ses biens, aux mesures conservatoires prescrites pour le temps antérieur à la déclaration d'absence.

» Mais un point qui souffrait difficulté, et sur lequel les usages étaient très-variés, c'était celui de la restitution des revenus recueillis par les héritiers envoyés en possession.

» Par-tout on s'accordait sur ce qu'il eût été trop onéreux aux héritiers de rendre compte des revenus qu'ils auraient reçus pendant un nombre d'années. L'existence de l'absent, qui chaque année devient plus incertaine, les malheurs que les héritiers peuvent éprouver, l'accroissement du dépôt, la continuité des soins qu'il serait injuste de laisser aussi long-temps sans aucune indemnité, le refus qui serait fait d'une charge aussi pesante : tous ces motifs ont fait jusqu'ici décider qu'après un certain temps les héritiers doivent profiter des revenus.

» L'époque où finissait l'obligation de les restituer à l'absent, dans le cas de retour, était différente selon les divers pays, et, dans tous, la restitution cessait à cette époque d'une manière absolue; en sorte que si l'absent revenait, il se trouvait, même avec une fortune considérable, privé des ressources qui pouvaient lui être nécessaires au temps de son arrivée.

» En Bretagne et dans d'autres provinces, les héritiers n'étaient plus tenus, après dix ans, de restituer les revenus; ailleurs, il fallait, pour être dispensé de cette restitution, quinze ans à compter de l'envoi en possession; à Paris, l'usage était qu'il y eût vingt années depuis cet envoi.

» Ce système était vicieux : les sentimens d'humanité le repoussent. Comment concilier, avec les idées de justice et de propriété, la position d'un absent qui voit ses héritiers présomptifs enrichis de ses revenus pendant une longue suite d'années, et qui ne peut rien exiger d'eux pour satisfaire aux besoins multipliés que son dénuement peut exiger !

» Et d'ailleurs, la jouissance entière des revenus au profit des héritiers est en opposition avec leur titre, qui n'est que celui de dépositaires. Qu'ils aient à titre d'indemnité une portion de ces revenus, que cette portion soit plus ou moins forte, suivant la longueur de l'absence ; mais que l'absent, s'il revient, puisse se présenter à ses héritiers comme propriétaire ayant droit à une portion des revenus dont ils ont joui.

» Telles sont les règles adoptées dans la loi qu'on vous propose : ceux qui par suite de l'envoi provisoire, ou de l'administration légale, auront joui des biens de l'absent, ne seront tenus de lui rendre que le cinquième des revenus, s'il reparaît avant quinze ans révolus d'absence; et le dixième, s'il ne reparaît qu'après les quinze ans.

» Il vaut mieux, pour l'intérêt de l'absent, qu'il fasse, pendant les premières années, le sacrifice d'une partie de ses revenus ; pour ensuite conserver l'autre.

» Cependant, il est un terme au-delà duquel il ne serait ni juste ni conforme à l'intérêt public de laisser les héritiers dans un état aussi précaire.

» Lorsque trente-cinq ans au moins se sont écoulés depuis la disparition, d'une part le retour serait l'événement le plus extraordinaire ; d'une autre part il faut que le sort des héritiers soit enfin fixé. L'état de leur famille peut avoir éprouvé de grands changemens par les mariages, par la mort, et par tous les événemens qui se succèdent dans un aussi long intervalle de temps. Il faut enfin que les biens de l'absent puissent rentrer dans le commerce ; il faut que toute comptabilité des revenus cesse de la part des héritiers.

» On a, par ces motifs, établi comme règle d'ordre public, à laquelle l'intérêt particulier de l'absent doit céder, que si trente ans sont écoulés depuis que les héritiers ou l'époux survivant ont été mis en possession des biens de l'absent, ils pourront, chacun selon leur droit, demander à la justice l'envoi définitif en possession.

» Le tribunal constatera dans la forme ordinaire, qui sera celle d'une enquête contradictoire avec le commissaire du Gouvernement, que depuis le premier envoi en possession, l'absence a continué sans qu'on ait eu des nouvelles, et il prononcera l'envoi définitif.

» L'effet de cet envoi à l'égard des héritiers sera que les revenus leur appartiendront en entier ; ils ne seront plus simples dépositaires des biens, la propriété reposera sur leur tête : ils pouront les aliéner.

» Le droit de l'absent, s'il paraît, sera borné à reprendre sa fortune dans l'état où elle se trouvera ; si ses biens ont été vendus, il ne pourra en réclamer que le prix, ou les biens provenant de l'emploi qui auraitété fait de ce prix.

» Si depuis l'envoi provisoire en possession, et avant l'envoi définitif, l'absent était parvenu au plus long terme de la vie ordinaire, celui de cent ans révolus, alors la présomption de mort est telle, qu'il n'y a aucun inconvénient à ce que l'envoi des héritiers en possession soit déclaré définitif.

» Un cas qui ne sera point aussi rare, est celui ou l'absent aurait une postérité, dont l'existence n'aurait point été connue pendant les trente-cinq ans qui doivent au moins s'être écoulés avant que les autres héritiers présomptifs aient été définitivement envoyés en possession.

» Les descendans ne doivent pas être dépouillés par les collatéraux, sous prétexte de cet envoi définitif. En effet, s'ils prouvent l'existence ou la mort de l'absent, tout droit des collatéraux cesse; s'ils ne prouvent ni l'un ni l'autre de ces faits, ils ont au moins, dans leur qualité de descendans, un titre préférable pour obtenir la possession des biens.

» Néanmoins leur action ne devra plus être admise, s'il s'est encore écoulé trente années depuis l'envoi définitif. Cet envoi a transporté aux collatéraux la propriété des biens, et postérieurement encore ils auront possédé pendant le plus long-temps qui soit requis pour opérer la prescription. Ils doivent avoir le droit de l'opposer même aux descendans de l'absent, qui ne pourront pas se plaindre si, après une révolution de soixante-cinq ans au moins depuis la disparition, ils ne sont plus admis à une recherche qui, comme toutes les actions de droit, doit être soumise à une prescription.

» Il est de règle, consacrée dans tous les temps, qu'on ne peut contracter un second mariage avant la dissolution du premier.

» Suivant une jurisprudence presque universelle, la présomption résultant de l'absence la plus longue et de l'âge le plus avancé, fût-il même de cent ans, n'est point admise comme pouvant suppléer à la preuve du décès de l'un des époux. Le plus important de tous les contrats ne saurait dépendre d'une simple présomption, soit pour déclarer anéanti celui qui aurait été formé, soit pour en former un nouveau, qui ne serait, au retour de l'époux absent, qu'un objet de scandale ou de troubles.

» Si l'époux d'un absent était contrevenu à des règles

aussi certaines, s'il avait formé de nouveaux liens sans avoir rapporté la preuve que les premiers n'existaient plus, ce mariage serait nul, et l'absent qui paraîtrait, conserverait seul les droits d'un hymen légitime.

» L'état civil de l'enfant né d'un pareil mariage, dépend de la bonne foi avec laquelle il a été contracté par ses pères et mère ou même par l'un d'eux. Non-seulement la personne avec laquelle se fait le second mariage peut avoir ignoré que le premier existait; il est encore possible que l'époux de l'absent ait cru avoir des preuves positives de sa mort, qu'il ait été trompé par de faux extraits, par des énonciations erronées dans des actes authentiques, ou de toute autre manière.

» On a voulu, dans la loi proposée, que le mariage contracté pendant l'absence ne pût être attaqué que par l'époux même à son retour, ou par celui qui serait chargé de sa procuration.

» La dignité du mariage ne permet pas de la compromettre pour l'intérêt pécuniaire des collatéraux, et il doit suffire aux enfans nés d'une union contractée de bonne foi, d'exercer leurs droits de légitimité; droits qui, dans ce cas, ne sauraient être contestés par les enfans même nés du premier mariage.

» Tels sont, citoyens législateurs, les motifs qui ont déterminé les dispositions proposées sur l'*absence*. Vous verrez sans doute avec plaisir que cette partie de la législation soit non-seulement améliorée, mais en quelque sorte nouvellement créée à l'avantage commun de ceux qui s'absentent de leurs familles et de la société entière. »

On reprend la discussion de la section II du chapitre II du titre *des Donations entre-vifs et des Testamens*, intitulée *de la Réduction des Donations et Legs*.

L'article XXVI, cinquième de cette section, est discuté.

Le C. TRONCHET dit qu'il est juste, lorsqu'on forme la masse des biens, d'estimer les immeubles suivant la valeur qu'ils ont au temps du décès du donateur, mais que cette règle serait fausse à l'égard des meubles, parce qu'ils ont dû perdre de leur prix; qu'ainsi, si l'on veut que le donataire rende exactement ce qu'il a reçu, il est indispensable d'estimer les meubles d'après la valeur qu'ils avaient à l'époque de la donation. Ce principe a déjà été consacré par le Conseil au titre *des Successions*, par la disposition relative au rapport du mobilier.

Le C. BIGOT-PRÉAMENEU dit qu'il y a une extrême différence à cet égard entre l'héritier et le donataire. D'abord le premier rapporte pour rendre les parts égales entre tous les copartageans ; le second n'est tenu que de compléter la légitime.

Ensuite, le donataire a eu le droit de disposer, d'user et d'abuser pendant toute la vie du donateur, c'est-à-dire, pendant tout le temps que la donation, ne pouvant être attaquée, lui attribuait les droits d'un propriétaire incommutable, au lieu que l'héritier a su, dès le principe, que sa donation était sujette à rapport.

Le C. BERLIER ajoute que d'ailleurs la réduction ne tombe jamais sur les fruits. Or la jouissance est, à l'égard des choses fungibles, ce que la perception des revenus est à l'égard des choses frugifères.

L'article est adopté.

L'article XXVII est adopté.

L'article XXVIII est adopté sauf rédaction, et renvoyé à la section pour le rendre concordant avec les amendemens admis sur l'art. XXV à la dernière séance.

L'article XXIX est adopté.

L'article XXX est discuté.

Le C. TREILHARD demande s'il est nécessaire d'ériger la disposition sur la retenue du quart, en régle absolue. Il est possible que les legs particuliers soient faits pour des causes tellement favorables, que les réduire, ce serait évidemment blesser l'intention du testateur.

Le C. BERLIER répond que l'article XXXI donne au testateur le pouvoir de les en affranchir.

Le C. TREILHARD dit que quelquefois le testateur oubliera d'exprimer que le legs est fait par préférence, et qu'il en sera sur-tout ainsi lorsqu'il s'exagérera sa fortune.

Le CONSUL CAMBACÉRÈS dit que si l'on donnait la préférence aux légataires particuliers, on interpréterait la volonté du défunt contre la présomption naturelle que le légataire universel est celui qu'il a voulu le plus favoriser.

Le C. BIGOT-PRÉAMENEU dit que la loi a suffisamment pourvu à ce cas, en avertissant le testateur des suites de son silence.

L'article est adopté.

L'article XXXI est adopté.

L'article XXXII est discuté.

Le CONSUL CAMBACÉRÈS pense que, dans tous les cas, les fruits ne doivent être restitués que du jour de la demande. Il est possible, en effet, que le donataire les ait perçus de bonne foi, parce qu'il a ignoré l'époque du décès du donateur.

Le C. TRONCHET ajoute que la réduction peut n'être demandée que long-temps après l'ouverture de la succession, et qu'alors un donataire de bonne foi se trouverait ruiné par une restitution trop considérable.

C'est d'ailleurs une règle générale, que la restitution des fruits n'est due que du jour de la demande.

L'article est adopté avec l'amendement du Consul.

Les articles XXXIII et XXXIV sont discutés.

Le C. TRONCHET demande qu'avant de passer au chapitre suivant, la section fasse connaître les motifs qui ont déterminé à retrancher l'article XXII du titre *des Donations* du projet de Code civil.

Les rédacteurs avaient considéré que la réduction est une faveur réservée aux seuls héritiers, et souvent même à quelques-uns d'entre eux seulement. Or les biens de la succession se partagent entre deux lignes, et par conséquent entre des héritiers de classes différentes, et souvent la réserve légale n'est établie qu'en faveur de l'une de ces classes. En conséquence, les rédacteurs avaient pensé que pour exclure des prétentions contraires à l'esprit de la loi, il convenait d'expliquer que l'action en réduction ne peut être exercée que par celui et au profit de celui pour qui la réserve est établie, et seulement dans la proportion qu'il doit profiter de cette réserve. Les développemens qu'ils ont donnés à leur article prouvent qu'il est des cas où la difficulté peut se présenter.

Le

Le C. TREILHARD dit que la section a cru inutile d'énoncer un principe qui résulte évidemment des dispositions adoptées sur la prohibition de disposer et sur la réserve.

Le C. TRONCHET dit qu'il ne partage point cette opinion, parce qu'il est très-important, dans un Code destiné à établir un droit absolument nouveau, de prévenir les doutes sur l'étendue que le législateur a voulu donner à ses dispositions.

L'article XXII du titre *des Donations* du projet de Code civil est adopté, sauf rédaction.

Il est ainsi conçu :

« Au décès du donateur, la réduction de la donation
» soit entre-vifs, soit à cause de mort, ne peut être
» demandée que par ceux des héritiers venant à succes-
» sion, au profit desquels la loi a restreint la faculté
» de disposer, et que proportionnellement à la part qu'ils
» recueillent dans la succession.

» Ainsi les créanciers, donataires et légataires du dé-
» funt ne peuvent demander cette réduction.

» Dans les cas où la loi partage la succession par
» moitié entre les deux lignes paternelle et maternelle,
» la réduction n'a lieu que pour la moitié de la quotité
» fixée par la loi, s'il n'y a que l'une des deux lignes
» dans laquelle il se trouve des héritiers ayant la qualité
» à laquelle la loi attache le droit de demander la ré-
» duction.

» Si dans l'une ou l'autre ligne, ou dans chacune de
» ces lignes, il y a plusieurs héritiers dont les uns aient
» et les autres n'aient pas le droit de demander la réduc-
» tion, elle n'a lieu qu'au profit de ceux à qui la loi
» accorde ce droit ; et ceux-ci ne peuvent la demander
» que proportionnellement à la part qu'ils prennent dans
» la succession. Si, par exemple, il se trouve dans la
» même ligne un oncle du défunt et un neveu de ce
» même défunt qui concourent comme étant en égal
» degré, la réduction ne pourra être demandée que par
» le neveu ; et sa portion héréditaire n'étant que du quart
» du total de la succession, ou de trois douzièmes, il
» ne pourra demander la réduction que pour les trois
» douzièmes de la quotité à laquelle la donation est ré-
» ductible au profit des neveux.

» Dans le cas où suivant les articles.......... du
» titre *des Successions*, les frères ou sœurs consanguins

» ou utérins concourant avec des frères germains, ne » partagent que dans la portion attribuée à leur ligne, la » réduction de la donation se partage entre eux dans la » proportion de leurs portions héréditaires. »

Le C. TREILHARD présente le chapitre III, intitulé *des Donations entre-vifs.*

La section I.re du chapitre est ainsi conçue :

De la Forme des Donations entre-vifs.

Art. XXXV. « Tous actes portant donation entre-vifs » doivent être passés devant notaire, dans la forme or- » dinaire des contrats, et il en doit rester minute, sous » peine de nullité.

Art. XXXVI. » La donation entre-vifs n'engagera le » donateur, et ne produira, pendant sa vie, aucun autre » effet que du jour qu'elle aura été acceptée en termes » exprès.

» L'acceptation peut être faite par un acte postérieur; » mais alors la donation n'aura d'effet que du jour de » l'acte qui constatera l'acceptation.

Art. XXXVII. » Si le donataire est majeur, l'accepta- » tion doit être faite par lui, ou, en son nom, par son » mandataire général ou spécial, dont la procuration » passée devant notaire est annexée à l'acte de donation.

Art. XXXVIII. » La femme mariée ne peut accepter » une donation sans le consentement de son mari, ou, » en cas de refus du mari, sans autorisation du juge.

Art. XXXIX. » La donation faite à un mineur non- » émancipé ou à un interdit, doit être acceptée par son » tuteur, conformément à l'article LXXV, au titre *de la* » *Minorité.*

» Le mineur émancipé peut accepter avec l'assistance » de son curateur.

» Néanmoins les père et mère du mineur émancipé » ou non émancipé, ou les autres ascendans, même du » vivant des père et mère, quoiqu'ils ne soient ni tuteurs » ni curateurs du mineur, peuvent accepter pour lui.

Art. XL. » Le sourd-muet qui sait lire et écrire, peut » accepter lui-même, ou par un fondé de pouvoir.

» S'il ne sait pas lire et écrire, l'acceptation doit être » faite par un curateur, nommé à cet effet.

Art. XLI. » Les donations faites au profit d'hospices, » des pauvres d'une commune, ou d'établissemens d'uti- » lité publique, sont acceptées par les administrateurs

» desdites communes ou établissemens, après y avoir été » dûment autorisés.

Art. XLII. » La donation dûment acceptée, est » parfaite par le seul consentement des parties; et » la propriété des objets donnés est transférée au do- » nataire, sans qu'il soit besoin d'autre tradition, et » sauf l'état estimatif requis par l'article LI ci-après.

Art. XLIII. » Lorsqu'il y a donation de biens sus- » ceptibles d'hypothèques, la transcription des actes » contenant la donation doit être faite aux bureaux des » hypothèques dans l'arrondissement desquels les biens » sont situés.

Art. XLIV. » Cette transcription doit être faite à la » diligence du mari, lorsque les biens ont été donnés » à sa femme; et si le mari ne remplit pas cette forma- » lité, la femme peut y faire procéder sans autorisation. » Lorsque la donation est faite à des mineurs, à des » interdits ou à des établissemens publics, la transcription » est à la charge des tuteurs, curateurs ou administra- » teurs.

Art. XLV. » Les mineurs, les interdits, les femmes » mariées, ne sont pas restitués contre le défaut d'ac- » ceptation ou de transcription des donations; sauf leur » recours contre leurs tuteurs, maris ou autres, s'il y » échet, et sans que la restitution puisse avoir lieu, » dans le cas même où lesdits tuteurs et maris se trou- » veraient insolvables.

Art. XLVI. » La donation entre-vifs qui n'a pas été » acceptée pendant la vie du donateur, et celle qui » est faite dans les six jours qui précèdent celui de la » mort, ne valent que comme dispositions à cause de » mort.

Art. XLVII. » Un Français qui, se trouvant en pays » étranger, veut donner entre-vifs, soit à un Français, » soit à un étranger, doit en faire dresser l'acte public » et authentique avec les formes usitées dans le lieu où » l'acte a été passé, et, au surplus, se conformer aux » lois françaises. »

L'article XXXV, premier de la section, est adopté.

L'article XXXVI est discuté.

Le C. MALEVILLE demande si cet article abolit l'exception faite par l'ordonnance de 1731, à l'égard des donations portées dans les contrats de mariage. Elles n'étaient point nulles, faute d'acceptation. Il serait trop dur en effet de les anéantir, parce que le notaire aurait omis d'exprimer qu'elles sont acceptées.

Le CONSUL CAMBACÉRÈS dit que cette exception universellement reçue est dans la nature des choses.

Le C. TREILHARD répond que la place naturelle de cette disposition est dans le chapitre particulier des donations à cause de mariage.

La discussion de la proposition du C. *Maleville* est ajournée à ce chapitre.

L'article est adopté.

L'article XXXVII est discuté.

Le CONSUL CAMBACÉRÈS dit que dans l'ordre existant, les donations ne peuvent être acceptées qu'en vertu d'un mandat spécial. Cette règle lui semble devoir être conservée.

Le C. TRONCHET dit que les personnes qui entreprennent un voyage de long cours, laissent ordinairement une procuration générale par laquelle ils donnent les pouvoirs les plus étendus pour l'administration de leurs affaires, mais que ces sortes de procurations n'ont jamais paru donner au mandataire le pouvoir d'accepter la donation faite au mandant, à moins qu'elles ne le lui attribuassent par une clause spéciale. Il est donc nécessaire de changer la rédaction de l'article, et d'expliquer que la donation ne pourra être acceptée qu'en vertu d'une procuration spéciale, ou d'une procuration générale contenant le mandat spécial d'accepter toute donation qui pourrait lui être faite.

L'article est adopté avec l'amendement du C. *Tronchet.*

L'article XXXVIII est adopté.

L'article XXXIX est discuté.

Le C. BERLIER attaque la disposition qui autorise les ascendans à accepter la donation faite à leur petit-fils mineur, même du vivant de ses père et mère. Elle lui paraît envers ces derniers une injure que ne peut justifier ni la faveur des donations, ni même la nécessité, car le cas prévu par l'article ne se présentera que rarement.

Le C. TREILHARD ajoute que d'ailleurs les pères

peuvent avoir de justes motifs de ne point accepter la donation.

Le C. TRONCHET dit que la disposition qu'on attaque se trouve dans l'ordonnance de 1731, et qu'au surplus elle est juste. Le père peut être absent; il peut repousser la donation par un motif de haine contre son fils, ou par le motif non moins odieux de son intérêt personnel, comme dans le cas où lui-même est l'héritier du donateur. Pourquoi priver le mineur de l'appui de son aïeul, sur-tout lorsqu'il s'agit d'un acte qui ne peut être qu'avantageux !

Le C. TREILHARD dit que si les donations étaient toujours avantageuses aux mineurs, il serait déraisonnable de ne pas leur accorder le droit de les accepter sans autorisation.

Il y aurait de l'inconvenance à permettre une sorte d'appel du père aux ascendans supérieurs. Cette considération doit déterminer à limiter les dispositions de l'article au cas où le père est absent.

Le CONSUL CAMBACÉRÉS dit qu'il importe aussi de ne point perdre de vue le cas où le refus du père a pour cause son intérêt personnel. Il arrive très-souvent que le parent d'un père dissipateur transmet, par donation, son hérédité, aux enfans de ce père.

Le PREMIER CONSUL vient présider la séance.

Le C. BIGOT-PRÉAMENEU rend compte de l'état de la délibération.

Le C. TREILHARD dit que ses observations sont principalement dirigées contre la rédaction de l'article, parce qu'elle présente l'idée d'un appel. Il voudrait qu'on s'exprimât ainsi : *les pères et mères, et à leur défaut les autres ascendans.*

Le C. BIGOT-PRÉAMENEU dit qu'il ne s'agit pas seulement de la rédaction, mais de la question de savoir si la loi doit prévoir le refus du père et offrir, en ce cas, un secours au mineur.

Les donations sont en général avantageuses au donataire; ainsi, si le père refuse d'accepter la donation faite à son fils mineur, il est présumable que ce n'est point en vue de l'intérêt du donataire. Il faut donc empêcher que ce refus n'ait l'effet d'enlever au mineur l'avantage de la donation.

Au reste, le moyen qu'on propose n'a rien d'injurieux pour le père; car il ne s'agit point ici d'un acte d'autorité paternelle, mais d'une simple formalité qu'il importe peu de faire remplir par une personne ou par une autre.

Le C. TREILHARD dit qu'il ne partage point cette opinion. Les donations peuvent être modifiées par des conditions qui les rendent onéreuses au donataire. C'est par cette raison qu'on n'a point laissé au mineur le droit de les accepter, sans y être autorisé.

Ce serait troubler la bonne intelligence des familles que d'y élever un tribunal domestique contre un tribunal domestique.

Au reste, derrière le père sont les tribunaux qui peuvent autoriser une acceptation qu'il aurait injustement refusée.

Le CONSUL CAMBACÉRÈS dit que le donataire est ici la partie la plus intéressée, et que le législateur ne doit point s'arrêter à des considérations qui l'empêcheraient de multiplier, en faveur du fils, les moyens de profiter de la donation.

Le C. TRONCHET est entièrement de cet avis.

Il ne voit pas les mêmes inconvéniens que le C. *Treilhard*, dans cet espèce d'appel du père à l'aïeul.

On a dit. Les tribunaux répareront l'injustice du père qui refuse d'accepter pour son fils;

Mais, d'abord, par qui le recours sera-t-il exercé? Ensuite ne sera-t-il pas plus injurieux pour le père d'entendre son fils lui prêter des motifs honteux et déraisonnables, que de se voir suppléer par l'aïeul?

L'article est adopté.

L'article XL est adopté.

L'article XLI est discuté.

Le C. JOLLIVET dit que si la donation ne pouvait s'accomplir que par l'acceptation faite en vertu de l'autorisation du Gouvernement, la mort du donateur ou son changement de volonté, survenu dans l'intervalle, priverait les hospices du bénéfice de la donation. Il semble donc que l'acceptation provisoire des administrateurs devrait d'abord donner à l'acte ses effets, à la charge de confirmation par le Gouvernement.

Le C. BIGOT-PRÉAMENEU dit qu'on ne peut, par aucune considération, supposer aux administrateurs le pouvoir d'accepter sans y être autorisés.

L'article est adopté.

L'article XLII est adopté.

L'article XLIII est discuté.

Le C. BIGOT-PRÉAMENEU dit que cet article déroge au droit très-anciennement établi, d'assurer aux donations leur publicité par la voie de l'insinuation; mais ce changement doit être la suite de celui qui est intervenu dans une autre partie de la législation. Il existe aujourd'hui des bureaux d'hypothèques où les actes translatifs de propriété doivent être inscrits pour opérer l'expropriation. La majorité de la section a donc pensé que puisque la loi établissait une formalité qui doit être nécessairement remplie pour que la donation ait ses effets, et que ce moyen en assurait la publicité, l'insinuation devenait inutile.

Les membres de la section qui ont adopté une opinion différente, se sont fondés sur ce qu'on connaît des donations non sujettes à transcription, comme sont les donations de meubles, et que cependant il est nécessaire de leur donner également de la publicité, lorsque le donateur se réserve l'usufruit des choses données.

La majorité de la section ne s'est point rendue à ces observations. Il lui a semblé que pour quelques espèces de donations qui sont toujours très-rares, il ne fallait point soumettre le plus grand nombre de ces sortes d'actes à une formalité embarrassante et inutile.

On a supposé au surplus, dans l'une et dans l'autre opinion, que le système hypothécaire ne serait point changé.

Le C. TRONCHET dit que la loi qui ordonne l'insinuation a continué d'être exécutée même depuis l'établissement du régime hypothécaire, qu'elle peut donc conserver encore ses effets; mais il y aurait de l'inconvénient à confirmer dès-à-présent ce régime qui mérite d'être soumis à un examen approfondi, au lieu qu'il n'y en a aucun à laisser les choses dans l'état où elles se trouvent, jusqu'à ce qu'on ait prononcé sur le sort de la loi du 11 brumaire an 7.

Le C. TREILHARD dit que l'inconvénient serait de

doubler les frais pour soumettre les donations à une formalité, désormais inutile, puisque la transcription sur les registres hypothécaires est inévitable; que d'ailleurs ces registres assurent mieux la publicité de la donation, que les registres beaucoup plus obscurs de l'insinuation.

Au surplus, l'article ne préjuge rien sur la loi du 11 brumaire an 7. Si dans la suite elle est réformée, on pourra créer des bureaux d'insinuation, en supposant qu'ils soient nécessaires.

Le C. BIGOT-PRÉAMENEU dit que les droits d'insinuation sont peu considérables, et que c'est à cause de cette modicité, qu'après la loi rendue par l'assemblée constituante, les tribunaux ont conservé l'usage d'insinuer.

Le point le plus important est de ne rien préjuger sur le régime hypothécaire.

Il sera facile, dit-on, de réformer la disposition qui va être adoptée, si elle ne s'accorde pas avec le nouveau système des hypothèques.

Mais l'opinion du C. *Tronchet* est beaucoup plus simple. Pourquoi ne pas maintenir le mode reçu jusqu'ici, afin de se mieux conserver la plus entière liberté par rapport à la loi du 11 brumaire an 7! C'est dans cette vue qu'on a eu l'attention de ne placer dans les autres dispositions du Code civil, aucune expression de laquelle on pût inférer que le régime hypothécaire sera conservé ou changé. Il n'est point de la sagesse du législateur d'arrêter des dispositions qu'il prévoit devoir bientôt réformer.

Le C. TRONCHET pense que pour n'établir aucun préjugé, il convient de garder le silence sur l'une et sur l'autre formalité.

Le C. JOLLIVET dit qu'en prescrivant l'insinuation, l'ordonnance de 1731 ne s'est proposé d'autre but que de rendre les donations publiques; que la loi du 11 brumaire an 7 a, dans les mêmes vues, ordonné la transcription, et que les donations y sont sujettes.

Aussi, dans beaucoup de départemens, on a été frappé de l'inutilité de l'insinuation, depuis que la transcription est devenue indispensable. Dans ceux où cette première formalité a été conservée, on ne s'y est déterminé que d'après des circulaires de la régie qui n'avaient d'autre objet que de conserver le droit fiscal.

L'insinuation

L'insinuation n'est donc pas d'un usage universel, tandis que la transcription a lieu sur tous les points de la République.

Le C. TRONCHET dit que l'insinuation avait, dans son principe et dans ses effets, un objet beaucoup plus étendu et beaucoup plus avantageux que la transcription; elle garantissait les héritiers du danger d'accepter une succession devenue onéreuse par l'effet d'une donation faite avec réserve d'usufruit. Il leur était facile, en parcourant le registre particulier des insinuations, beaucoup moins onéreux que ceux des hypothéques, de s'assurer s'ils ne s'exposaient point à cet inconvénient; d'un autre côté, ils trouvaient sur ce registre toutes les espèces de donations, au lieu qu'ils ne trouveraient sur ceux des hypothéques, ni les donations de biens à venir autorisées dans les contrats de mariage, ni celles des meubles avec réserve d'usufruit, ni enfin celles de sommes d'argent à prendre, après la mort du donateur, sur les biens de la succession.

La loi de l'insinuation et celle de la transcription existent également : la dernière n'est applicable qu'aux donations qui transmettent actuellement la propriété de la chose donnée; les autres donations ne peuvent devenir publiques que par l'insinuation. Dans cet état de choses, il est prudent de ne point s'expliquer sur la force des deux lois.

Le C. JOLLIVET répond que le donataire d'une somme d'argent à prendre sur la succession, serait obligé de faire transcrire son titre pour conserver sa créance;

Que les recherches sur les registres des hypothèques ne sont pas, comme on le suppose, difficiles et incertaines; à l'aide d'une table alphabétique, on trouve, au nom d'une même personne, toutes les inscriptions qui la concernent.

Le C. REGNAUD (de Saint-Jean d'Angely) dit que les registres d'insinuation n'ont été établis, que parce que ceux des oppositions aux hypothèques étaient secrets; ils sont donc inutiles aujourd'hui, ainsi l'article doit être conservé; il aura d'ailleurs l'avantage d'avertir les donataires qu'il est nécessaire de faire transcrire la donation.

L'article est adopté.

Les articles XLIV et XLV sont adoptés.

L'article XLVI est discuté.

Le C. Bigot - Préameneu dit que cet article déroge au droit ancien.

Suivant les principes suivis jusqu'ici, la donation étant un contrat, et ne pouvant par cette raison avoir d'effet que par le concours de la volonté du donateur et du donataire, elle était censée n'avoir pas été consommée quand ce concours n'était pas intervenu pendant la vie du donateur.

La section a pensé que lorsque le donateur n'a pas révoqué la donation, cette persévérance de volonté doit la faire valoir comme disposition à cause de mort.

Autrefois encore, la donation entre-vifs était nulle quand le donateur ne survivait que de quelque temps.

Cette disposition est détruite par le système de la section, qui, convertissant la donation entre-vifs non révoquée, en donation à cause de mort, la dégage de la condition de la survie.

Le C. Tronchet dit que la donation étant un contrat synallagmatique, elle n'est rien tant qu'il n'y a que la volonté du donateur, et pas d'acceptation de la part du donataire.

On objecte que la non-révocation indique que le donateur est mort dans l'intention de maintenir sa libéralité.

Mais ce n'est là qu'une simple présomption, qui ne doit pas avoir la même force qu'un acte formel, et qui ne garantit pas réellement que le donateur soit mort dans l'intention de donner; le retard d'acceptation peut, au contraire, avoir des motifs qui aient fait changer d'intention au donateur. On n'est donc assuré qu'il persévère, que lorsque son intention est exprimée dans les formes prescrites ou pour les donations entre-vifs ou pour les donations à cause de mort; la loi avertissant que le défaut d'acceptation rend son intention sans effet, il fera un testament, s'il persiste à vouloir avantager son donataire.

Le C. Treilhard dit qu'en effet dans l'ancien droit, il n'y avait que deux manières de disposer de ses biens à titre gratuit, la donation entre-vifs et les testamens; et que l'acte, nul comme disposition entre-vifs, ne devenait jamais valable comme disposition à cause de mort.

La section a trouvé trop de subtilité dans cette distinction, car il faut plus s'arrêter à l'intention qu'à la forme : or quand la volonté est attestée par un acte authentique et non révoqué, elle doit avoir la même force que si elle était exprimée par un testament. Dans l'un et l'autre cas il y a *volontatis sententia.* L'acceptation du donataire après la mort du donateur, est alors comme celle du légataire ; elle lui applique la libéralité.

On objecte que le donateur peut avoir changé de volonté, quoiqu'il n'ait pas révoqué la donation.

Cette objection pourrait également être opposée à un testament fait depuis un temps considérable ; mais on ne juge de la volonté que par les actes qui l'expriment.

Le C. TRONCHET dit que le système de la section est en contradiction avec les dispositions adoptées, et peut devenir très-dangereux.

En effet, on a admis que les donations devaient être rendues publiques par la transcription, afin que les héritiers en étant avertis, ne se trouvassent pas exposés à accepter, sans le savoir, une succession onéreuse ; et cependant à côté de cette sage précaution, on propose un article qui la détruit en partie, en créant un genre de donation que la transcription ne saurait rendre publique.

On paraît considérer l'acceptation comme une simple formalité; cependant elle est tellement de l'essence des donations, que l'acte n'est parfait et irrévocable qu'après qu'elle est intervenue.

D'ailleurs le donataire peut avoir eu des raisons de ne point accepter. Il peut n'avoir point voulu se soumettre aux charges qui modifient la donation, et sur-tout à celle de nourrir et entretenir le donateur : c'est lui présenter un moyen de s'en affranchir, que de lui permettre de recueillir la libéralité à une époque où les conditions qui l'ont déterminé ne peuvent plus être remplies.

Le PREMIER CONSUL demande ce qui serait décidé dans le cas suivant :

Un individu donne sa maison pour n'appartenir qu'après sa mort au donataire. Il ne s'en réserve pas l'usufruit. Le donataire accepte.

Un tel acte n'est ni une donation ni un testament.

Cependant si on ne l'admet pas dans cette dernière qualité, on contredit le principe de l'article.

Le C. TREILHARD dit que dans le système de la

section, l'acte serait valable comme disposition de dernière volonté.

Le C. BIGOT-PRÉAMENEU dit que l'acte serait également nul comme donation et comme testament. D'un côté, le donateur déclare qu'il a entendu faire une donation entre-vifs ; de l'autre, il dénature le contrat qu'il a voulu faire par une disposition dont l'effet se reporte après sa mort. Ces deux volontés contradictoires se détruisent mutuellement et ne laissent à l'acte ni le caractère de la donation, ni le caractère du testament.

Le C. GALLI pense que la donation serait valable, parce que le donateur se dessaisit nécessairement de sa propriété, quoique la jouissance du donataire soit différée.

Le CONSUL CAMBACÉRÉS dit qu'il ne peut y avoir de donation là où le prétendu donateur ne se dépouille actuellement ni de la propriété ni de l'usufruit.

Le C. GALLI répond que cette expression *je donne* présente nécessairement l'idée d'un propriétaire qui entend se dépouiller, qui transfère actuellement sa propriété, et que le délai qu'il impose à la jouissance du donataire n'est qu'une manière de retenir l'usufruit à son profit.

Le C. MALEVILLE dit que cette manière de voir est au moins très-problématique. En général, il était très-difficile autrefois de distinguer, dans beaucoup de cas, les donations entre-vifs des dispositions à cause de mort.

Le CONSUL CAMBACÉRÉS dit que c'est par cette considération que l'ordonnance de 1731 avait déterminé les formes de la donation : elle se proposait principalement d'empêcher qu'une donation entre-vifs pût jamais devenir une disposition testamentaire.

Le PREMIER CONSUL dit qu'en effet, chaque espèce d'acte ayant ses principes particuliers et étant soumis à des formes différentes qui en déterminent le caractère et les effets, on aurait des méprises à craindre, si un acte nul d'après les principes et dans les formes qui lui sont propres, pouvait devenir valable dans les principes d'une autre espèce d'acte.

L'article ne peut avoir qu'un seul effet utile, c'est de venir au secours du donataire absent qui n'a pas eu assez de temps pour accepter la donation avant la mort du donateur. On pourrait donc le limiter à ce cas.

Le C. TREILHARD observe qu'alors il serait nécessaire de fixer un délai à l'acceptation des donations.

Le C. PORTALIS dit que la question de la validité d'une donation dont l'effet se reporte tout entier après la mort du donateur, est décidée par le principe que *donner et retenir ne vaut.*

Un acte qui ne transporte pas à l'instant même la propriété, n'est pas une donation entre-vifs, mais un acte rédigé pendant la vie du donateur.

Mais, dit-on, rien n'empêche qu'il ne se convertisse en une disposition à cause de mort.

Il serait très-dangereux, répond le C. *Portalis*, de confondre dans leurs effets ces deux espèces d'actes, car les motifs qui déterminent à choisir un donataire n'influeraient pas toujours sur le choix d'un héritier.

En effet, un homme isolé veut se délivrer des embarras de l'administration et s'assurer une vie tranquille; il choisit l'individu dans lequel il a le plus de confiance, et lui donne ses biens, à la charge d'une pension viagère. S'il eût fallu instituer un héritier, ce même homme ne se serait plus décidé par la confiance ; il aurait peut-être choisi le plus pauvre.

Supposons maintenant que le donataire n'accepte qu'après la mort du donateur ; dans le système proposé, il prendra la donation dégagée des charges qui l'avaient déterminée. Ainsi les intentions du donateur seront trompées, et la loi substituera sa volonté à celle du défunt, tandis qu'elle ne peut agir sur un acte qui a reçu son complément, que pour l'interpréter. Que s'il est incomplet, elle ne doit pas le valider, elle doit le déclarer nul.

Enfin on n'est assuré de rencontrer la volonté du défunt que lorsqu'elle est manifestée dans les formes auxquelles la loi a attaché l'effet de la faire reconnaître.

Le C. BERLIER reconnaît avec le C. *Portalis*, qu'en matière de contrats, le législateur doit craindre de mettre sa volonté à la place de la volonté de l'homme ; mais que, dans l'espèce, il ne s'agit pas de suppléer à une absence de volonté, puisqu'au contraire on réclame l'effet de cette volonté bien exprimée : ce serait sans doute un singulier respect pour elle que celui qui conduirait à l'anéantir, sous le prétexte que quelques formes relatives au complément du contrat, et d'ailleurs indépendantes de la volonté du donateur, n'ont pas été remplies.

L'opinant examine ensuite l'objection tirée du retard à accepter, et il admet dans cette hypothèse l'exemple le plus fort, celui d'une donation par laquelle le donateur aurait grevé son donataire de charges viagères envers lui ; de sorte que, par la conversion proposée, ce dernier recueillerait sans charges ce qui ne lui avait été donné qu'avec des charges ; d'où l'on conclut que le contrat serait dénaturé.

Ce cas même, dit le C. *Berlier*, n'a rien de péremptoire: car si le donataire n'a pas eu le temps d'accepter, il n'y a rien à lui imputer; et s'il s'est écoulé assez de temps pour supposer au donataire un esprit de calcul ou d'hésitation, le donateur en était le juge naturel ; s'il n'a pas révoqué sa donation, s'il n'a pas vendu l'objet donné, s'il ne l'a pas donné à une autre personne, ou s'il n'en a pas disposé par un testament plus récent, et qui suffirait pour révoquer la donation même entre-vifs non acceptée, il est présumé y avoir persévéré.

Répondant ensuite à la comparaison faite par le premier Consul, l'opinant ne la trouve pas concluante. La donation qualifiée *entre-vifs*, et dans laquelle on se réserverait la faculté de disposer autrement de l'objet donné, serait nulle dès le principe : *donner et retenir ne vaut,* il n'y aurait point de donation ; au lieu que dans l'espèce il y a un acte valable dans son principe, et qu'on doit même considérer comme complet de la part du donateur, sauf sa révocabilité jusqu'à l'acceptation.

Ce ne sera donc jusques-là qu'un testament, mais pourquoi lui en refuser les effets ! La présomption de persévérance sera vraie quatre-vingt-dix-neuf fois sur cent, et la loi statue sur les cas généraux.

En résultat, l'article proposé semble à l'opinant préférable au système de nullité absolue puisé dans l'ordonnance de 1731.

Le C. TRONCHET dit que la discussion porte sur un cas qui sera toujours infiniment rare. Ordinairement le donataire est présent ; le donateur le prévient de ses intentions ; il accepte la donation.

Si cependant le donataire était absent, et qu'avant son retour le donateur vînt à décéder, la donation devrait être sans effet ; c'est un malheur pour le donataire.

Il en est de ce cas, comme de celui où le donateur meurt tout-à-coup au moment où il allait signer l'acte de donation.

Au reste, ce n'est pas au donataire, c'est à l'héritier que la faveur de la loi doit être réservée.

Le C. EMMERY dit que le donateur peut seul juger des motifs qui ont fait différer l'acceptation; s'ils sont de nature à changer ses intentions bienveillantes, il révoquera la donation; ainsi s'il ne la révoque pas, c'est parce qu'il approuve la conduite du donataire. Il meurt donc dans l'intention de donner, et alors ce serait décider contre sa volonté que d'anéantir la donation.

Le CONSUL CAMBACÉRÉS dit que la non-révocation de la donation n'est pas une preuve certaine que le donateur ait persévéré dans ses intentions. Dans les habitudes de la vie on diffère souvent d'exécuter ce qu'on a résolu : c'est cette considération qui avait déterminé le système de l'ordonnance de 1731. Si l'on veut s'arrêter à cette loi, il faut du moins fixer un délai dans lequel la donation pourra être acceptée, même après la mort du donateur, ou n'attribuer à la donation entre-vifs non acceptée, les effets des dispositions à cause de mort, que lorsqu'il n'apparaît pas, par les circonstances, que le défunt a changé de volonté.

Le PREMIER CONSUL dit que la faveur de la loi étant pour l'héritier, il serait inconséquent de le dépouiller, sur la simple présomption que le défunt a persisté dans la volonté de donner et de lui préférer un donataire qui peut-être n'a différé d'accepter, que pour se soustraire aux charges que lui imposait le donateur.

Le C. BERLIER dit que la faveur due aux héritiers du sang conduirait à modifier le droit de disposer; mais que la disponibilité étant admise et ses limites tracées, il est difficile de ne pas donner à la volonté de l'homme tout son effet, quand cette volonté apparaît et se trouve dans les limites de la loi.

Le CONSUL CAMBACÉRÉS dit que les formes des donations entre-vifs et des testamens étant à-peu-près les mêmes, il pourra arriver, lorsque le donataire se trouvera absent, que le défunt fasse un acte géminé en déclarant que si la donation ne vaut pas comme donation entre-vifs, sa volonté est qu'elle vaille comme disposition à cause de mort. Aucune loi ne le lui défend; il faut donc que l'article puisse s'appliquer à ce cas.

Ces considérations déterminent le Consul à modifier sa première opinion et à proposer la rédaction suivante :

« La donation entre-vifs qui n'a pas été acceptée pen-
» dant la vie du donateur, et celle qui est faite dans les
» six jours qui précèdent celui de la mort, peuvent valoir
» comme disposition à cause de mort, s'il n'apparaît une
» volonté contraire du donateur, ou si elles n'ont pas été
» faites sous des charges ou conditions que le donataire
» ne soit plus à temps de remplir ».

Le C. TRONCHET dit que si le principe général établi par l'ordonnance de 1731 pouvait recevoir quelque modification, ce ne devrait être que celle qui accorderait au donataire un délai pour accepter. L'on ne peut aller plus loin, sans donner trop de force au silence du donateur; on le convertirait en présomption *juris et de jure*, comme si on ignorait cette habitude si générale de différer de jour en jour l'exécution de ce qu'on se propose de faire, et de se laisser surprendre par la mort.

L'opinant propose en conséquence de déclarer que toute donation non acceptée dans les trois mois est nulle, et que, si avant l'expiration de ce délai, le donateur vient à décéder, elle vaut comme disposition à cause de mort.

La rédaction proposée par le consul *Cambacérès* est adoptée.

L'article XLVII est retranché comme inutile

La séance est levée.

À PARIS, DE L'IMPRIMERIE DE LA RÉPUBLIQUE.
12 Germinal an XI.

www.ingramcontent.com/pod-product-compliance
Ingram Content Group UK Ltd.
Pitfield, Milton Keynes, MK11 3LW, UK
UKHW021001180726
13838UKWH00003B/1410